「聆听大师」丛书

听南怀瑾谈人生哲学

公羽/著

时事出版社

前言

现代人日复一日地奔波，被物质欲望所裹挟，很少静下心来审视自己的生活，哪怕物质生活再富裕，精神世界还是一片贫瘠。南怀瑾大师为国学的宣传奔波不已、孜孜不倦，他的主要目的并非是让国学重新确立一国之学的地位，而是要用国学拯救现代人的心灵于水火之中，让国学成为现代人生存哲学的重要内容。他就像一口来自于中国人传统生活的钟，朝朝暮暮以黄吕之音提醒世人要放慢生活的节奏，重视内心的荒芜，重新认识朋友、家庭和社会。他劝现代人要懂得养生，要珍惜身体的康泰；他反复强调人要培养德行，如此方能成为一个真正的人；他不断叮嘱人要懂得孝悌之道，主动承担家庭责任。南怀瑾大师教会我们用一种全新的、淡定从容的态度去面对奔忙劳碌的生活，在繁杂的日常琐事之中嗅到心瓣的香气。

南怀瑾大师的思想是朴素的，就像森林里一口汩汩流淌的泉眼，旁边覆盖着落叶和青苔，有些时候甚至无人问津。但是寻访到此处的人，一旦尝到泉水的清甜可口或聆听到泉水的叮咚妙音，哪怕是再冥顽不化的心灵也会为之感动不已！大师来自于一个已经在历史中遗落、被人们逐渐遗忘的时代，他感慨于当时的淳朴世风和今日的世风不淳，决定要当一座桥梁，将现代人从庸庸碌碌的生活中拯救出来，引渡到光明喜乐的彼岸。他参透人生真谛，又不满于独享其中的奥义，而是要将其向世间撒播开来，让平常人窥见摆脱庸俗、感悟淡定的不二法门。

南怀瑾大师兼有学者风范和长者情怀。在讲台上，他是循循善诱、治学严谨的学者，一丝不苟地探讨佛经问题，一个字的注释都不能错过；在讲台下，他平易近人，与弟子谈笑风生，丝毫没有陈腐之气或长辈的架子。除了严密的说理之外，他还经常拿自己的例子来以情动人，比如讲到孝的时候谈自己与母亲分隔海峡两岸的故事，谈到养生的时候说自己控制极严的饮食。他以自己的一言一行向人们展示了一位仁者、一位智者所具备的胸怀、气度和风范。他是一位人生导师，将自己大半辈子领会到的人生哲学通过平实的语言传达给每一个愿意聆听的人，他手中握着的不是什么修炼秘笈，而是与日常生活息息相关的哲学真义。

一个人如果少挣一笔钱，最多就少花一点；但是如果错失了这个时代最伟大的思想，那么生活会因此而黯淡无光。翻阅书卷的时候，南怀瑾大师的谆谆教诲犹在耳边，不禁让人想见其神采。读大师的文章，感悟其思想，就是与这个时代最伟大的灵魂直接对话，个中收获怎可一言以蔽之。大师身边宜聆教，让我们遵循南怀瑾大师的教诲，换一种心态，换一种眼光，踏上读懂大师的征程。

目录

Part 1 / 做人有方圆，做事有尺度 ——南怀瑾谈处世哲学

Part 2 / 不知言，无以知人——南怀瑾谈说话哲学

Part 3 / 君子之交，淡泊如水——南怀瑾谈交友哲学

Part 4 / 我们的性格即我们的自身——南怀瑾谈性格哲学

Part 5 / 修行修身，德为先——南怀瑾谈德行哲学

Part 6 / 人无泰然之习惯，必无康泰之身体——南怀瑾谈养生哲学

Part 7 / 上有老可养，下有小可教
——南怀瑾谈家庭哲学

Part 8 / 行平常之事，得异常之福
——南怀瑾谈幸福哲学

Part 9 / 弹指一挥间，生死任自然——南怀瑾谈生死哲学

Part 1

做人有方圆，做事有尺度

——南怀瑾谈处世哲学

做人是一门学问，用一辈子的精力去研究也可能只是窥见其皮毛；交际是一门艺术，有心得的人既能八面玲珑又能坚守自我。世事洞明皆学问，人情练达即文章。外圆内方的行为准则要求一个人在该让步时让步，该执着时执着，不为迎合别人而失去主见。一举一动、一言一行皆合乎尺度、合乎方寸，才能在人际关系中如鱼得水、进退自如。

·1·
学会尊重，远离他人禁区

大多数人认为，对一人的尊重，就是对他无微不至的关怀和发自内心的仰望，更有甚者，认为对自己尊重的“偶像”，不仅要从心理上敬重，在生活中也要时时刻刻给予他如潺潺流水一般的关注。

然而，尊重的含义，又有几人能够真正理解呢？南怀瑾大师就曾经说过：“要尊重有钱人，那是人家的福报，要尊重他们的福报，因为慢慢就会有钱。那要会读书，首先要尊重知识，尊重老师，尊重读书人。也不要说，考上北大清华有什么了不起。不要有这个念头，这个就是不尊重知识，以后就得不到知识。婚姻也一样，千万不要说天下男人女人都是不好的，结婚是很苦的，然后相亲了一个又一个，常常看不起对方，这样以后婚姻就很难顺利。大家要去尊重家庭，尊重婚姻，尊重感情，尊重儿女，尊重对方，这样婚姻就会顺利。人心中要是傲慢、偏见，这个也是障碍。自己没钱，还看不起有钱人，骂人家是暴发户，这个就是大傲慢。自己没有文化，看不起读书人，也是大傲慢。遇不到好的人，就说天下没有好人，这个也是大傲慢。这个傲慢，是对命运最大的挫折。”

上面这段话透彻地解读了尊重的意义。尊重他人，不要迈过对方的人格底线，只有这样，才能让自己收获一份美好。

尊重，不要迈过他人的人格底线

有这样一个不太美好的爱情故事：男子疯狂地迷恋女神，为了俘获女神的芳心，男子想尽了一切办法，只要是女神想要的，男子赴汤蹈火都要得到。然而，高傲的女神一直无法被痴情的男子打动，面对这个打“攻坚战”的追求者，她提出了一个近乎无理的要求：男子要每天在自己的窗边说100句“我爱你”，直到100天为止。如果男子做到了，那么女神就考虑接受他的求爱。男子犹豫了一下，毅然地答应了。

男子对于女神的爱慕果然深刻，连续99天，每天都在女神的窗下深情地大声喊100句“我爱你”，不管阴晴雷雨、风吹日晒。有过往的行人指着他的鼻子骂他神经病，有起哄的小孩围着他唱歌，有不堪其扰的邻居用凉水彻头彻尾地给他来了个“醍醐灌顶”，男子都不为所动，一直坚持着和女神之间的约定，用行动证明自己的真心。

女神每天看着男子的坚持，听着男子的表白，日渐收起了高傲的心态，终于到了第100天，女神一大早就起来梳洗打扮，把自己最美好的一面展现出来，准备迎接这个“久经考验”的伴侣。或许，他准备了让人意想不到的惊喜，或许，他会准备一枚大钻戒？

然而，到了男子每天表白的时间，他却没有出现。女神慌了，她看到男子每天站立的地方摆放着一束盛开的玫瑰花，上面插着一张卡片：“女神，我走了。100天的考验我做到了。只是，我用前99天的坚守证明我的真心，用最后一天的离去捍卫我的尊严，祝你幸福！”

故事的结局看起来令人惋惜，其源头在于女神对于尊重的淡漠。即使是再谦卑的人，也有自己的人格底线，对于这条线，任何人都不应该去碰触，因为这是每一个人内心最柔软的部分，是会拼尽所有去捍卫的。因此，要学会尊重，不要迈过他人的人格底线。

尊重他人，让自己也有所收获

学会尊重，不仅是对他人的一种友好和善，自己的人生道路也会因此越来越宽，未来才会充满各种可能。

强生作为世界500强企业，其产品种类非常多，定位也比较广，但是大多数还是针对普通百姓的日常产品，公司组织的很多营销活动也都是针对食品市场和日常廉价商店而设定的。在这样的背景下，很多产品业务员都较难开展营销业务，因为一些定位高端甚至是中高端的商店都不愿意销售强生产品。

有一个业务员就有过这样的遭遇。他几经努力，终于拿下一个药品杂货铺的销售权，却突然有一天遭到了店主的拒绝：因为强生产品定位问题，这家店的店主决定以后都不再销售强生的产品了。业务员非常沮丧，但他还是和这家商店的营业员亲切地打过招呼之后才离开。

业务员漫无目的地在大街上走了几圈，仍不死心，决定返回商店再进行一次营销。回到店里，他一如既往地和营业员打招呼，然后到里面去见店主。让他没有想到的是，迎接他的店主不但同意继续销售强生产品，还增加了订单，并对他不住地称赞。业务员十分不解，店主笑着跟他说，自己被营业员的“美言”打动了。“他们都说，你是唯一一个会跟他们亲切打招呼的业务员，这么多品牌推销商，只有你最值得合作！”

源自内心的关心和尊重，也让自己成为大家关心和尊重的对象，这样的循环，才是美好的社会关系循环。相对地，不尊重他人，也会受到别人的奚落和嘲讽。

纪晓岚有一天游五台山，走进庙里，方丈对他上下打量一番，见他衣履还算整洁，仪态也一般，便招呼一声：“坐。”又叫一声：“茶。”意思是端一杯一般的茶来。寒暄几句，知他是京城来的客人，方丈赶忙站起来，面带笑容，把他领进内厅，忙着招呼说：“请坐。”又吩咐道：“泡茶。”意思是单独沏一杯茶来。经过细谈，当得知来者是有名的学者、诗文大家、礼部尚书纪晓岚时，方丈立即恭恭敬敬地站起来，满脸赔笑，请进禅房，连声招呼：“请上坐。”又大声吆喝：“泡好茶。”他又很快拿出纸和笔，请纪晓岚留下墨宝，以光禅院。纪晓岚提笔，一挥而就，写下一副对联：坐，请坐，请上坐；茶，泡茶，泡好茶。方丈看了非常尴尬。

尊重他人，给人最基本的关爱和祝福，为社会的和谐贡献一份力量；尊重他人，让自己的心灵美丽起来，相信你我都会收获一份纯真的美好。

·2·
得理也要饶人

人生在世，常常会追求一个“理”字。俗话说，“有理走遍天下，没理寸步难行”。然而，南怀瑾大师却告诉我们，有的时候，即使对方做错了事情，我们也要多留余地，不要事无巨细地去纠结，更不需要执着于表面上的胜利，因为给人方便，也就是给自己以后的路留下了余地，这样我们才能在人生路上走得更顺。

南怀瑾大师认为，做人首先要讲究一个口德——得饶人处且饶人。对于直话，可以转个弯说；对于冰冷的话，可以加热了说；对于批评人的话，可以一对一地说，要顾及别人的自尊。总的来说，就是要我们用一种包容和豁然的人生态度，去面对任何的挑战甚至是曾经的屈辱，因为这样才能通过自身的修行，达到一种超脱的人生境界。

得理也饶人，是一种气度

得理饶人，凸显的是一个人的气度。“得饶人处且饶人”，这“饶人”的气度体现在一种豁达的人生态度上。

有这样一个故事：村里有个姑娘未婚先孕了，怀胎十月，孩子呱呱落地。面对家人和村民的质疑和责难，姑娘只好咬牙承认孩子的父亲是山上寺庙里的住持和尚。家人听后气愤极了，抱着孩子来到寺庙理论。住持和尚平静地看着聒噪的人群和嗷嗷待哺的婴孩，只是说了一句“哦，这样啊”，就默默抱起孩子，回到寺庙去了。

从此，和尚过上了艰难的日子。寺庙开除了他住持的身份，只留他在寺庙里干一些粗活。不难想象，一个孤苦无依的出家人，又是从住持之位被毫无颜面地赶下来，他的生活会面临着多少困难。此外，世人对于和尚的唾骂和嘲讽也给他的生活带来了严重的负面影响。他白天带着婴孩挨家挨户化缘，晚上在阴暗的禅房里与青灯古佛和嗷嗷待哺的婴孩为伴，经受了千百次白眼和嘲讽，历经千辛万苦把孩子养到了三岁。

孩子三岁这年，未婚先孕的姑娘终于经受不住良心的谴责，向世人承认孩子的生父并不是和尚，人们此时才恍然大悟。而姑娘的家人也因为三年来对和尚造成的伤害懊悔不已，他们来到寺庙，请求和尚把孩子归还给母亲。

这一次，和尚仍然平静地看着同样聒噪的一群人，说了一句“哦，这样啊”，就把抚养了三年的孩子归还给了这家人。虽然和尚与三年前相比明显憔悴了许多，但孩子却长得壮实健康。

和尚的豁达让人敬佩和感动，尤其是真相大白之后，面对勇于承认错误的众人，仍能对之前所经历的屈辱淡然处之。所谓普度众生，和尚做到了，这应该就是最高的思想境界了吧。

给别人退路，自己收获尊重和宽容

得饶人处且饶人，你能收获一个朋友甚至是贵人。但是如果硬把自己逼在牛角尖里不出来，那你失去的可能就是自己的未来。

小张是一家公司的广告部业务员。有一次，他们给一个客户安装一个宣传用的灯箱。安装当天，客户非常执拗，坚持要工人按照自己的理解来安装，工人操作不当，导致灯箱摔到地上碎了，这笔损失让小张很郁闷。

按理说，这种情况下小张其实可以与客户协商，双方各承担一部分损失，再重新做一个产品。但是小张当时的火气非常大，理直气壮地找到客户理论："安装是我们的事，你这么指手画脚的，弄成这个结果，怎么办？"客户是个比较温和的人，他态度很谦卑："的确是我非要按照自己的意思来，这样吧，咱们协商一下看看能否均摊损失？"小张听了客户的协商方案反而更加生气了："一人一半？你们就得负责全部损失！"虽然客户之后几经协调，但是小张一直得理不饶人，非得要客户自己负责全部损失。客户最后无可奈何，只能自认倒霉，而小张则美滋滋地回单位复命去了。

没想到，小张一到单位，就被老板叫到办公室狠狠批评了一顿。小张很不服气："明明是我给公司避免了损失，老板你为什么要骂我？"老板气得脸都红了，说："这个客户因为你的得理不饶人，取消了在我们公司的所有订单，虽然你避免了一个灯箱的损失，但是公司损失了一千个灯箱都不止的订单。"最后，老板毫不客气地把小张开除了。

得理不饶人，虽然能暂时得到占理的快感，但隐藏在后面的可能是严重的后果。所以说，我们要学会舍弃，舍弃那股得理不饶人的嚣张，舍弃那种想不通走不出的无谓的执着，给人留下一份尊严、一份宽容，那么我们收获的就是感激和尊重。

·3·

不能改变环境，那就试着改变自己

人活世上，每每遇到不幸，总会忍不住怨天怨地：为什么我没有一个好的家庭？为什么我的工作这么不给力？虽然每次的抱怨并不能解决任何问题，但是这种怨念似乎已经成为一种心理习惯，总是在不经意间阻碍着我们前进的脚步。

南怀瑾大师曾说："我们活着，就受外在环境、历史、文化、政治、社会、家庭乃至自己身体的影响，自己始终不自在。这还是大的绳子，还有许多小的绳子，要求名求利、要结婚、要求学，都是。你不想捆这绳子也不行，都在这圈圈中打滚，永远跳不出来。"因此，当你感觉自己的生活不那么尽如人意的时候，如果你还没有强大到改变环境，那么就试着改变一下自己吧。

外在的环境凭借个人之力几乎无法改变。所以只有改变你自己，改变自己的心态，用心去提升自己的能力，才能让自己有路可行，才能让自己的人生之路更加开阔，不至于陷入困顿。

改变心态，让自己主动融入环境

要想人生充满阳光，首先必须要有一个好的心态。

有一个很多人都熟知的例子，就是母亲为两个女儿担忧的故事。一个老太太有两个女儿，大女儿是卖雨伞的，二女儿是卖布鞋的。每天老太太都在为两个女儿担忧：晴天担心大女儿的生意不好，雨天担心二女儿的生意不好，因此每天愁眉不展、闷闷不乐。邻居了解到老太太的心理，就劝慰她说：雨天大女儿生意红火，雨伞销路不愁；晴天二女儿生意红火，布鞋供不应求，当天气不适合她们各自的生意的时候，两个人可以分别备货，等适合自己的天气再出售，如此不是正好吗？

听了这席话，老太太的心态发生了很大的变化，既然天气是老天爷定的，那么自己何必要为不能够改变的事情白白忧虑呢？换一个角度，换一种心态，生活就从暗无天日变成阳光普照，从实际情况来说，一切都没有发生变化，唯一变化的就是老太太的心态，还有就是由不幸转为幸福的美好生活。

对于人生态度，我们不妨把它比喻成磁铁，不论是正面思想还是负面情绪，我们都要受到它的牵动。但是，我们的思想却像是一个轮子，它引领我们朝着一个既定的方向前进。虽然我们没有办法改变身边的环境，但是我们可以改变面对它的心境；虽然我们不能调整环境让它适应我们的生活，但是我们可以通过调整心态，让自己主动融入环境中。这样的态度，可以让我们把握自己生命的主动权，在面对人生的低谷时，不至于放弃自己的理想和追求；在追求成功时，能够不断地审视自己的人生目标，分析自己的错误，勇于面对挫折，从而走出困境，追求成功的人生。

提升能力，让自己的道路更宽

好的心态让我们不惧怕恶劣环境的困扰，而过硬的综合实力才是我们摆脱困境的不二法宝，是走向成功之路的最强助力。

提起莎士比亚，大多数人都会为他一部部的旷世奇作所折服，陷入他所营造的或浪漫或悲怆的戏剧世界不能自拔。然而在他小的时候，生活环境却是极度困苦的。因为生活贫困，他不得不依靠给别人看马维持生计，有时还在剧院做杂役。但是他并没有被外在的恶劣环境所吓倒，他在辛苦的劳作之余，细心研究剧院上演的各种话剧，并把文学构思和文学理念融会贯通，最终形成自己的创作风格。凭借着丰富的积累和对生活的细致观察，莎士比亚创作出了一大批文学巨著，这些作品对整个人类文学史都形成了重要的影响，不得不说，这与他注重在困苦环境中积累能力有着重要的关系。厚积薄发，莎士比亚完成了自己的人生转变。

人生在世，难免会遇到身不由己的情况，无论是家庭还是社会，环境的改变不会以我们个人的意志为主。遇到困难，不要拘泥在自怨自艾或者是怨天尤人中，要跳出来，调整好心态，积极向上，努力争取，让自己丰满厚重起来，这样才能在人生的道路上一步一个脚印地走下去。

·4·

实现自我，为社会献出一份力量

获得成功，体现自身价值，应该是每个人努力奋斗的终极目标。然而，如何才算是实现自我价值呢？南怀瑾大师告诉我们，“修身、齐家、治国、平天下”，实现自己对于社会的贡献，就是实现自我价值的最好方式。他在《论语别裁》里说：“儒家那个道，也就是说以出世离尘的精神，做入世救人的事业。”这句话的意思就是让我们循“道”，做出一番“入世救人”的事业，为社会贡献自己的力量，从而实现自己的价值。

学会融入社会

一个人自呱呱坠地起，就进入到了社会之中。从古至今，人的成长和发展都是和社会息息相关的。试想一下，脱离社会、与人没有任何接触的人，要么是避世的隐士，要么就是精神上异于常人的独立个体，在这里，我们暂且不考虑这些人。

作为平常人，我们必须学会融入社会。我们从出生起学习到的每一件技能和本领，都是为了今后能够更好地融入社会，能够独立地生活。而要实现自身的个人价值，就必须让自己很好地融入社会，进而才能反哺社会，贡献出自己的一份力量。

20世纪80年代，南怀瑾大师居住在美国首府华盛顿特区。尽管离开祖国十余年，但他始终没有忘记为祖国的发展做出自己的贡献。他通过布道讲演的方式，为前来美国深造的中国留学生讲述祖国美好的未来。他告诉这些留学生，虽然祖国处在改革开放初期，物质条件还比较艰苦，但是百业待兴的中国，一定会有一个美好的未来。他告诉一些有意回到祖国进行投资建设的海外侨胞，中国是一个非常广阔的市场，回到祖国，不仅是一场华丽的投资，更是回报祖国养育之恩的绝好方式。南怀瑾大师的这段经历告诉我们，不管身处何方，都要首先让自己融入其中，再通过自己的努力，为这个社会的发展贡献出自己的力量。

个人的荣耀依托于社会发展

中国有一句古话叫作“时势造英雄”。所谓“时势”，指的就是当时的社会条件。战争年代出英雄，和平年代出英才。因此，不难理解个人自身价值的实现和社会条件是分不开的。

我们经常看到，那些为国争光的运动员首先感谢的都是自己的祖国。尤其是在中国体育事业蓬勃发展的今天，当国际重要赛事上频频响起雄壮的《义勇军进行曲》时，我们为什么会不由得感到一种骄傲和自豪？这正是因为个人价值得以实现，是依托于社会价值而实现的。

1937年，容国团出生于香港一个普通的工人家庭，年少时的他沉迷于打乒乓球。然而，当时中国正遭受日寇的侵略，为了躲避战乱，容国团一家不得不辗转迁居，在这样的条件下，容国团只能以业余爱好坚持自己的乒乓梦想。1953年，容国团到渔场做工，繁重的劳动和营养不良让他患上了肺病。这个时期，新中国虽然发展缓慢，但已进入新时期。容国团在坚持提升乒乓球技术的同时，也慢慢等到了实现自己人生价值的这一天。1957年，容国团代表公民队参加香港埠际乒乓球赛，一下子夺得了男子单打、男子双打和男子团体这三项冠军，不久之后又击败了曾两次获得世界冠军的荻村伊智郎，轰动世界乒坛。

随着容国团的球技越发进步，他的事业也到达了顶峰。1959年，22岁的容国团在西德多特蒙德举行的第25届世界乒乓球锦标赛上一路过关斩将，为中国夺得世界体育比赛中第一个世界冠军。仅仅两年后，在1961年北京第26届世界乒乓球锦标赛上，容国团率领中国男子队第一次击败日本队，荣获世界冠军，结束了20世纪50年代日本称霸乒坛的历史。之后，容国团又受命担任国家男子二队教练，训练出周兰荪、于贻泽等优秀运动员，为中国的乒乓球事业培育出大量人才。1964年底，随着新中国各方面事业的蒸蒸发展，容国团受国家体委的任命出任国家女队主教练。在他的严格训练指导下，女队突飞猛进。在1965年举行的第28届世界乒乓球锦标赛上，中国女队第一次荣获女子团体冠军。

因为贡献突出，容国团先后两次被国家体委授予特等功，多次受到党和国家领导人的接见。可以说，年少时容国团生活悲苦，他个人价值的实现是伴随着新中国的发展，一步一个脚印走出来的。

一个人要实现自我价值，必须要善于在社会中发挥好自己的角色。同时，不要把自己的发展和社会剥离开来，社会的进步会成就个人的发展，个人对于社会的贡献，就是实现自我价值的一种形式。总之，个人价值和社会价值是和谐统一、归为一体的。

·5·

能看淡多少名利，就能收获多少成功

现代社会，人们生活的重心似乎都是名利钱财，每个人每天忙忙碌碌、日夜操劳，要的就是在社会上混出一个名堂来。然而，获得了名和利，就是获得了成功吗？南怀瑾大师曾经用一首诗来举例：

冥鸿迹在烟霞上，燕雀竞夸大厦巢。

名利最为浮世重，古今能有几人抛。

南怀瑾大师这样讲解这段古诗："诗人把冥鸿比作不为功名富贵羁绊的高士，寄迹在天空轻去彩霞上，偶尔能看见它的身影，忽然又飞得无影无踪了。而一般追名逐利的人，就和那些筑巢在大房子梁柱上的小燕子一样，一天到晚叽叽喳喳地乱叫，自夸居住的房屋有多么伟大，梁柱雕刻得多么华丽，而事实上它们只是筑巢在那里栖身而已。这就等于一般世人栖身托命于名利，而对自己的功名富贵自夸一样的可怜。"他其实就是告诉我们，一天到晚把名利挂在嘴边的人，是不会有什么大作为的，只有把理想寄托在高高的思想苍穹，才能在真正意义上获得成功。

人生的终极价值不在于名利

2010年，复旦女博士于娟的日志《为啥是我得癌症？》让很多人倒吸了一口冷气：不规律的饮食，熬夜加班工作，不重视生活质量，让一个身处大好年华的高级知识分子早早逝去。而她对世人发自肺腑的忠告，让人们对名利和自身价值有了新的定位。于娟语重心长地说了一句让人顿悟的话："简而言之，是我之前看不穿。"

其实，对于名利，很多人都是看不穿的。

包青天怒铡陈世美的典故相信所有人都不陌生。贫家子弟陈世美和妻子秦香莲虽然生活清苦，但是二人恩爱和谐，秦香莲不求回报，任劳任怨，为陈世美十年寒窗提供后勤保障，相夫教子，赡养老人，即使丈夫没有什么大的作为，她也心甘情愿。这个时候的陈世美，其实精神世界是富足的，他的人生也是成功和美好的。他们所需要的，就是为了物质生活进行奋斗而已。

然而，让秦香莲始料未及的是，十年苦读的陈世美一朝考中了状元，继而被皇帝召为驸马。被名利冲昏了头的陈世美忘恩负义，不但不与结发妻子和亲生骨肉相认，反而派杀手半夜追杀，企图杀人灭口。陈世美的暴行让杀手韩琪不忍，最终自尽求义，秦香莲反被污为凶手入狱。陈世美这时仍然为了名利不肯放手，在秦香莲被发配边疆的半途中，派官差杀死妻子，幸为展昭所救。

后面的故事让人畅快淋漓，尽管公主、皇帝维护，包拯还是坚持正义铡了陈世美，还给世间一个公义公道。我们评价陈世美，除了为他的忘恩负义所不耻之外，还应该分析他对于名利看不开的态度。什么是幸福？

家庭和美、恩爱有加就是幸福，或许富贵荣华能够一时迷惑住人的双眼，但是时间久了，很多伪善的装扮就会自然而然地褪去。不仅仅是对于秦香莲，对于公主也是如此，一个忘恩负义、没有人伦的伴侣，时间会让他的丑恶面貌最终全部显露无遗。

淡泊名利，成功其实就在身边

过分看重名利，成功会和你渐行渐远。淡泊名利，重新定义成功，你会发现，其实成功始终伴随在你的左右。

中国历史上有名的归隐之士阮籍和嵇康，就是淡泊名利而收获美好生活的典型实例。

作为“竹林七贤”中的代表人物，阮籍和嵇康的才学是得到世人共同认可的。在古代社会，他们完全可以出仕做官，在政治上实现抱负，收获名利。然而，这两位风流隐士对成功的定义却和名利毫无关联。他们追求的是与自然的和谐统一，是遵循内心的走向，让空气的流动决定自己的喜好，让流水的声音奏响生命的旋律。谁能说没有在当时出仕做官，收获财富和官职的二人是失败的呢？他们的成功，在于让自己活在了一种最自然的维度，在于能够遵循自己的内心，这样，他们每天的生活都是美好和成功的。

或许古代的归隐是一种特定的历史现象，即使是在社会中担任要职，对于名利的淡泊也是收获成功的一个良好心态。

提及周恩来的一生，我们可以用“淡泊名利，一心为公，坦荡无私，鞠躬尽瘁，死而后已”来形容。在中央苏区时，周恩来被大家公推为红一方面军的总政委，但是他没有被最高领导职位所吸引，而是反复强调毛泽东的经验、长处，并坚持重新任命毛泽东为总政委。在遵义会议上，周恩来是“三人团”成员之一，他首先进行自我批评，避免会议可能出现的僵局，确保会议成功，进而继续支持毛泽东，为革命的成功保驾护航。

即使是在中国革命的复杂环境中，处在党内斗争旋涡之中的周恩来，为了党和人民的利益总是忍辱负重，对自己的各种误解甚至是恶意中伤总是报以忍受和缄默，竭力维系党的团结统一。

总之，看淡名利，收获的是恬静和淡然；过分看重名利，得到的只能是浮躁。所以，人生的终极价值不在于名利，能看淡多少名利，就能收获多少成功。

·6·
坚持原则，有所为有所不为

当今社会，越来越多的人似乎不知道自己应该做什么，应该坚持什么，应该维护什么。这样的现象其实是一种很危险的社会信号，尤其是对于年轻人来说，失去了自己的行为准则，那么其日后的发展必然是令人担忧的。因此，明白自己的行为准则，坚持原则不动摇，做到有所为，有所不为，这是我们应该谨记的道理。

南怀瑾大师曾经就做学问讲述过坚持原则的概念：要有所为，有所不为。该做的一定要做，不该做的杀头也不干，所谓“仁之所至，义所当然”的事，牺牲自己也要做。事实上，老师的这一论述在我们为人处事的过程中也是至关重要的。

有所为，为则极致

生活中我们不难发现这样的情况：盲人的听力比一般人要强；老会计的心算能力非常差，甚至是“2+3”这样的算数都要拨拉拨拉算盘才能得出来。这正是因为当你把一种能力发挥到极致的时候，其他能力就可能随之退化，相对地，即使你某方面有一些缺陷，但是只要善于利用自己的优势，把它发挥到极致，那么你也能够收获属于自己的成功。

提到男高音歌唱家帕瓦罗蒂，他的一首《我的太阳》让全世界都为之倾倒。然而，他在毕业的时候，却也面临着自己的人生抉择。当时的帕瓦罗蒂酷爱唱歌，但由于就读的是师范学校，因此毕业的时候非常纠结，到底是从事自己更喜欢的歌唱事业还是当一名专职教师。后来，帕瓦罗蒂决定先做着老师，业余时间坚持自己的歌唱爱好，看情况再定自己未来的发展方向。

当帕瓦罗蒂把这个想法告诉父亲，父亲没有过多地评论什么，只是让他看了看面前两把距离很远的椅子。父亲问帕瓦罗蒂：“这两把椅子都很舒服，但是你能同时坐上去吗？”帕瓦罗蒂摇了摇头，他肯定不能。父亲说：“是啊，想同时坐上两把舒服的椅子，最终的结果就是狠狠地掉到地上。”

帕瓦罗蒂听从了父亲的教诲，从此在歌唱事业上拼尽全力，最终成为一代男高音大师，享誉世界。

有所为，不仅是要瞄准一个方向，重要的是还要把自己的选择坚持到底，做到极致。

电影《阿甘正传》相信很多人都非常熟悉，影片中被大家认为是“傻子”的执拗的阿甘，却用自己的实际行动证明了自己的价值。他或许“愚笨”，甚至是有点“呆”，但却做成了很多常人无法做成的事情。他打球成为国手，被总统接见，他完成了全国旅行，经商能够富甲一方……如果说阿甘有成功的秘诀，那么就是他能够心无旁骛、竭尽所能，有所为的阿甘，为则极致。

有所不为，独善其身

有所为是修得一份坚持的成功，而有所不为则是修得一份独善其身的淡然。

至圣先师孔子在所处时代的社会影响力是巨大的。当时的中国人口只有几百万，而孔子的徒众数千，且每一位都是精英人物。如果把这些徒众聚集起来，那完全有大一统的政治力量，可以说孔子拿到国家权位是易如反掌的事情。在孔子的这些弟子中，子路甚至可以做到揭竿起义、拥护自己的老师为主的程度。然而，孔子并不看重权利和荣华富贵，他深刻地体会到，社会发展中，教育是第一等的大事，即使社会再太平，教育没有成体系，其他的建设都将是没有未来的。

孔子的有所不为，让中华民族的文化得到了长足的发展，也因此成为万世敬仰的至圣先师。

所谓有所不为，而后有为，说的就是通过坚守原则的“不为”，而独善其身，最后达到更高层次的成功。周国平就在自己的文章中说，这个世界是无限广阔的，“诱惑永无止境，但属于每一个人的现实可能性终究是有限的”。因此，面对花花世界，要善于分清善恶，坚持原则和底线，就像羽毛球世界冠军林丹在其拍摄的坚持底线的公益广告中所说的那样：“只有正确判断，坚守底线，才能守住胜利。在人生的赛场上，也有需要盯住的底线。球出界了丢掉的一分还可以再拼回来，做人做事，越过了底线，失去的也许永远无法挽回。人生不能越界，底线必须坚守。”

“君子有所为，有所不为，所谓防微杜渐，自己渐渐建立一道堤防，自我限制行为以达到净化内心，这就是戒。”南怀瑾大师曾经用“戒”来归结“为”与“不为”的辩证关系，他说，宋明理学的标准，对于自律，甚为严谨，深受佛学律宗的影响。儒家所谓“非礼勿视，非礼勿言，非礼勿听”之类，就是戒的意思。“戒”是遵守内心具有的道德标准，守戒以善化自己之内心，进而达到内心的宁静。所以，有所为，为则极致；有所不为，独善其身。正如大师所讲述的那样，坚守住自己的心理防线，用“戒”约束自己，那么控制这“为”与“不为”的力道，就算拿捏好了。

·7·

保持本我，不奢望成为所有人心中的宠儿

一代巨星张国荣曾经唱过一首歌——《我》，其中一句歌词赢得了很多人的共鸣："我就是我，是颜色不一样的烟火。"张国荣以其特立独行的风格赢得了千万粉丝的追捧，虽然最终过早地结束了自己的生命，但是在他近50年的光辉生涯中，他用最美好的本我带给无数人温馨和感动。或许艺术本来就是自我的一种精神力量，不管外界如何评价张国荣，坚持本我的他，从来不会因为要搏得所有人的肯定而做出自己不喜欢的改变。

南怀瑾大师在与学生探讨保持本我的过程中，曾经引用庄子的一句话："宁曳尾与涂，不受封于庙堂。"这其实说的就是现在社会上的一种怪现象：很多人迎合世俗。其实，很多我们最本真的东西，都在我们迎合世俗的过程中慢慢地消失了，越来越多的利益之手把中华传统美德尽毁。大师想要告诉我们的就是：保持本我，不要过分注重别人的眼光，这样你才能活得快乐。

你永远不可能让所有人满意

南怀瑾大师在论述本我、自我的关系时，曾经多次强调，一个人不可

能让所有人都对自己满意，更多的时候，会遭遇各种负面的评价。而过分注重外人的评价，其结果是很可悲的。

有这样一则寓言故事：一对老夫妻骑着驴子去赶集，一上路就有行人对他们指指点点。“这两个人真狠心啊，居然同时骑着这头可怜的驴子，平时下地干活还不够，真是可怜的驴子！”老夫妻听了路人的指责，觉得有必要做出改变，于是换成妻子坐在驴子上，丈夫负责牵引。

走了一段，又有人对老夫妻产生了质疑：“这男人真是没用，让媳妇欺负成这个样子，看来一定是吃软饭的！”妻子听了路人的议论，赶紧下来自己牵着驴子走，让丈夫骑在驴子上。

“哎呀，多么可悲的夫妻啊，居然让妻子走路，丈夫也太会享受了吧！”夫妻二人面面相觑，既不想让别人认为丈夫过于大男子主义，又不想让妻子落入强势的境地，最终商议之下，二人只好牵着驴子共同步行，希望这次能够得到大家的肯定。

就在老夫妻认为这件事终于圆满解决之后，人们的评论又来了：“简直是蠢材，有驴子不骑，自己徒步，太可笑了！”

老夫妻精神上简直要承受不住了，妻子委屈地哭了起来。“怎么办？怎么办？”老夫妻看着周围人群指指点点的嘲笑嘴脸，咬了咬牙，合力举起了驴子，缓缓地走向不远处的集市。

就是这么一则看似荒诞的寓言故事，揭示的却是一个非常深刻的道理：无论你怎么努力，都不能让所有人对你交口称赞。过分在乎别人对你的评价，最终只会让自己陷入一个谄媚的性格深渊，在这样的深渊里，你会慢慢失去自我，慢慢失去一个人应该固有的思维和认知，长久下去，你会没有未来，没有目标，最后失去理想，失去思维，成为一个最可怜的无用之人。

做最好的自己

既然不能让所有人满意，那不如把心理障碍打开，做一个最好的自己。道格拉斯·玛拉赫曾经说过："如果你不能成为大道，那就当一条小路；如果你不能成为太阳，那就当一颗星星。决定成败的不是你尺寸的大小，而在于做一个最了解自己的你。"所以，不要去幻想成为所有人心中的宠儿，保持最真实优秀的本我，把自己做到最好。

李开复在自己的著作《做最好的自己》中直言不讳地阐述了他认为的成功的几个要素：积极、同情心、自信、自省、勇气、胸怀。他谈道：做最好的自己，应该是只要做了对别人有用、有益的事就会感到快乐和幸福。要用正确的价值观去指引自己的行为，更好地完善自己的人格，在追寻理想、发现兴趣、有效执行、努力学习、人际交流、合作沟通这六种最基本的行为方式中，要将正确的价值观和人生态度完美应用，只有遵循这一逻辑顺序，坚持不懈地寻找通往成功的道路，每个人才有可能真正做最好的自己，取得多元化的成功。

奥斯特洛夫斯基在《钢铁是怎样炼成的》一书中这样说：人生最宝贵的是生命，生命只有一次。一个人的生命应当这样度过：当他回忆往事的时候，不会因为虚度年华而悔恨，也不会因为碌碌无为而羞愧；在临死的时候，他能够说："我的整个生命和全部精力，都已经献给了世界上最壮丽的事业——为人类的解放而斗争。"人应当充实地生活，因为意外的疾病或悲惨的事故随时都可能结束他的生命。无数鲜活的事例告诉我们，迎合世俗只能活得更累，即便是乐，多半也是“苦中作乐”。因此，与其迎合世俗，不如放飞心灵，静下心来，听一首轻音乐，或看一部电影，或来一次亲近自然的旅行，找寻“我”与“真我”的距离。倾听自己内心的声音，干净而简单地生活，做必须要做的事情，脚踏实地、心无旁骛。这样，我们便会在迷失中找到本我，不再茫然，不再心累，自由自在地活着。

·8·
方法正确，结果才会正确

想要测量一头大象的体重，一般人都摇头叹息，认为大象太过庞大，难以操作。但曹冲却想到把大象牵到船上，在船身齐水面处做上标记，再放上石头直至水面达到标记线，通过测量相同重量的石头得出大象的体重。可见，方法正确，事半功倍。同样一件事，交给不同的人去做，完成的效果也会不一样。很多时候并不是努力程度不同造成的，究其原因是方法不同。

南怀瑾大师讲道：“做事情要讲究方法，一定要找到最关键的地方开始做。”很多时候，人们面对想做的事情感到千头万绪，不知道从哪里入手，因此迟迟无法付诸行动。其实，只要找到关键点，后面的工作就很好处理了。这与马克思唯物辩证法中的矛盾思想其实是一致的，即“抓关键，集中力量解决主要矛盾”。

选好方法，等于成功了一半

“挽弓当挽强，用箭当用长。射人先射马，擒贼先擒王。”中国人自古就懂得做事要讲究方法的智慧，方法正确，事半功倍；方法不当，事倍功半。

田忌赛马就是古代以方法制胜的范例。赛马是当时最受齐国贵族欢迎的娱乐项目，田忌经常同齐威王赛马。马分三等，在比赛时，总是以上马对上马，中马对中马，下马对下马。因为齐威王每一个等级的马都要比田忌的强，所以田忌屡战屡败。他的好朋友孙膑知道此事以后，对田忌说：“再同他比一次吧，我有办法使你得胜。”赛马那天，孙膑先以下马对齐威王的上马，再以上马对他的中马，最后以中马对他的下马。比赛结果，一败两胜，田忌赢了。同样的马匹由于调换了一下比赛顺序，就得到了反败为胜的结果。扬长避短，避开锋芒，发挥自己的优势，这种思维方式非常值得我们借鉴。

著名经济学家厉以宁曾经讲过一个有趣的故事：一家生产梳子的企业去寺庙推销梳子。第一位推销员无功而返，他说和尚都不用梳子。第二位推销员卖出了十把梳子，他告诉和尚，梳子不光可以用来梳头发，还可以健脑、明目、活血、按摩、养神。第三位推销员卖出了几百把梳子，他发现许多烧香拜佛的人会把头发弄乱，便把梳子推销给这些人。而第四位推销员则卖出了几千把梳子，他直接找到方丈并说服其购买了这些梳子。因为寺庙可以在梳子两边刻上经文诗句，作为对烧香拜佛者的礼品回赠。和尚没有头发，梳子梳头发这个功能对和尚而言是毫无价值的，因此就要想办法挖掘和尚对梳子的其他需求。看似不可能的任务，换一个角度，换一种方法，就会产生意想不到的惊喜。

行善，也要讲究方法

南怀瑾大师说，行善也要讲方法。“徒善不足以为政，徒法不足以自行。”一个人光有善心，没有办法做成大事；光是仁慈，没有办法管理人。佛家有言，慈悲为本，方便为门。徒有慈悲之心而不懂得行善的方法，往往会造成事与愿违的后果。

行善要讲究方法，尤其是要注意维护受助之人的自尊。“一箪食，一豆羹，得之则生，弗得则死。呼尔而与之，行道之人弗受；蹴尔而与之，乞人不屑也。”如果在行善的时候给人一种居高临下的施舍感觉，那对别人来说就不是帮助，而是伤害了。或许我们可以从下面这个故事中得到一些启发。

“一个乞丐来到我家门口，向母亲乞讨。这位乞丐只有一只手，非常可怜。我本以为母亲会慷慨施舍，但母亲却让乞丐去搬一堆砖。乞丐生气地说：‘我只有一只手，你还忍心叫我搬砖，不愿给就不给，何必刁难我？’母亲听后一点也不生气，还故意只用一只手搬了一趟说：‘你看，一只手也能干活。我能干，你为什么不能干呢？’乞丐怔住了，过了一会儿他终于开始搬了，由于一次只能搬两块，所以搬了两个多小时才搬完。搬完后母亲递给乞丐一条雪白的毛巾，乞丐接过后，转眼间便变成一条黑毛巾，同时乞丐还得到了二十块钱。母亲说：‘这是你凭力气挣的工钱。’后来又来了许多乞丐，母亲照样让他们把那堆砖搬来搬去……几年后，一个大老板模样的人来到我家，他握住母亲的手，说：‘如果没有你，我现在还是乞丐，因为当年你叫我搬砖，今天我才能成为一个公司的董事长。’母亲微笑着说：“这都是你自己干出来的。”

我们要保持一颗爱心，给予他人力所能及的帮助，但也需要有所甄别和判断，不能滥施爱心，不然好事没做成，还可能起到相反的效果。《西游记》的故事家喻户晓，唐僧菩萨心肠，遇到蚂蚁都会绕行，看到落叶都会落泪，更何况是那些妖魔鬼怪幻化而成的可怜人儿。正是因为他的爱心泛滥，才一次又一次地落入妖怪的圈套。东郭先生也是一样，在路上遇到一只受伤的狼，禁不住狼苦苦哀求，答应将其藏入袋中以躲避猎人的追杀，可当猎人离去，东郭先生将狼放出来之后，狼却对他说：“先生既然做好事救了我的命，现在我饿极了，你就再做一次好事，让我吃掉你吧。”

爱因斯坦认为，成功=艰苦奋斗+正确方法+少说空话。做事要讲究方法，无论是做大事还是做善事。从前人的经历中我们可以明白方法的重要性，南怀瑾大师也一再劝诫众人方法正确，结果才会正确，只有选对方法，才可以避免误入歧途或走不必要的弯路。

·9·

变通者，识时务者也

俗语有言，识时务者为俊杰。清楚认识时运，然后把握住时运，并不是见风使舵的小人伎俩，而是既懂得把握时势，又懂得随遇而安的君子处世之道。

认识时势，给自己回旋的余地

对于“时”与“存”二者之间的关系，南怀瑾大师曾做过精辟的论述。他从古老的《易经》智慧中得出，无论做什么事情都要注意“时”和“位”两个问题，这里的“时”指的便是时势，“位”就是存在的位置，二者构成了“存”的要素。据此，南怀瑾大师进一步提出：“很好的东西，很好的人才，如果生不逢时，一切都没有用；同样的道理，一件东西，很好的也好，很坏的也好，如果适得其时，看来是一件很坏的东西，也会有它很大的价值。”先生此言甚为精辟。一台精良的打字机或者一卷品质最好的菲林在今日的数码时代都不能发挥其价值，因为它们已经过时，随着科技的发展而被时代淘汰了；而一粒无用的沙子，如果恰巧进入蚌中，也有变成珍珠的一天。

南怀瑾大师在关于“时”与“存”的论述中既言及物的处境，也论及人的境遇，时势对人的重要性不言自明。君不见孔丘周游列国终无所适从，君不见苏轼被一贬再贬客死他乡。孔子终生碌碌也不为君主所赏识，“富而可求也，虽执鞭之士，吾亦为之；如不可求，则从吾所好”。执掌权力推行仁政是孔子的人生追求，但当他认识到富贵不可求的时势，认识到君主一心攻伐兼并而无意于仁政时，他并没有吊死在从政这棵树上，而是给自己提供了“从吾所好”的另一条道路，也就是教学授徒，著书立说。对于苏东坡而言，政治上的不得意已成常态，他也没有因此郁郁寡欢，而是豁达地吟诵出了“归去，也无风雨也无晴”和“小舟从此逝，江海寄余生”这样的千古名句，尽抒胸怀，使人对其神采遐想不已。春秋时的孔子、北宋时的苏东坡，他们的人生都处在逆水行舟的状态中，但他们都正确地认识到了时势，给了自己回旋的空间和从容的余地。

把握时机，读懂人生大智慧

认识时机是一种很高的智慧，南怀瑾先生举了王安石变法不懂得“知至至之”和老子骑牛西行“知终终之”两个古人的例子进行对比论证。认识和把握时机关系到人如何在这世界生存。

个人的进取精神固然可贵，然而个人无法脱离社会，始终与他人产生交集、与时代同步存在。凭借个人的勇猛或许能闯出一片天地，可是个人的智与勇不足以支撑进一步的开拓。一旦“时”发生改变，如何认识和把握时机就成为一件极其重要的事情。

楚霸王项羽的故事便是极好的例证。项羽生来勇猛，据《史记》所载，他“力能扛鼎”，且素有大志。从跟随项梁征战到驻军灞上，项羽凭其勇猛之力战无不胜，他的军队令刘邦胆寒不已。可惜的是，项羽不懂得时务，不懂得人心。手下有韩信如此擅于领军打仗之人却将其逼到刘邦帐中，手握刘邦性命可断绝后患却因妇人之仁痛失良机，唯一亲信的谋士范增也被敌方成功离间，此类事件积微成著，最终导致他四面楚歌、兵败垓下、自刎乌江的悲惨结局。就项羽的经历来看，他有着非凡的自由意志，并不缺乏自强不息的奋斗精神，而有勇无谋的他缺少的就是认识时势的智慧。个人之勇在二军对垒的情况下可能会起激励士兵和震慑敌方的作用，破釜沉舟的决心也确实让他获得了百二秦关；但当形势发生改变，二军对阵不只在战场上拼战斗力时，他没有认识到潜在的危机，反而因为一意孤行而一步一步丧失人心。这绝不是天欲亡他，而是他不懂得把握时机改变战略。由此看来，自强不息的勇者精神不可忽视，可是懂得变通也是极为关键的人生智慧。在辅佐刘邦登上皇位的开国功臣中，韩信虽有偌大功勋，却不识时务，没有认清自己的位置，终至杀身之祸。而张良在辅佐刘邦登上皇位之后急流勇退，终老乡野，他们截然不同的结局无疑说明了正确把握时势的重要性。

孟子有言：“达则兼济天下，穷则独善其身”，这种无论“穷”、“达”都能安置自身的思想正是后世士人借以处世的原则，这也是南怀瑾大师所提出的处理好“时”和“存”二者关系具体化的阐述。人生有顺境逆境，有时候处境并不能尽如人意，甚至全然身不由己，我们要做的就是正确认识所处的境遇，懂得在其中回旋的智慧，而不能妄想凭浑身蛮力硬闯天下，这便是南怀瑾大师所强调的“变通”与“识时务”。识时务者，为世之俊杰也！

·10·
进退有度，走好下坡路

“进退有度，左右有局”是出自西汉戴圣的《礼记·曲礼》中的一句话。南怀瑾大师常以此来教育身旁的弟子，人生就是一场进进退退的旅程，无论前进还是后退，都有既定的规律，其中也蕴含了丰富的学问。在走上坡路时，该进则进，却要始终保持平常心。人生处于巅峰时要有当退则退的心态，退并不是懦弱，而是一种处世之道。急莽冒进之人，成事不足，败事有余。只有能屈能伸、能退能进者，才能成就一番大事。

有弟子在失意之时请教南怀瑾大师，大师让他仔细品读《周易·乾卦》中的这句话：“终日乾乾，反复道也。”

南怀瑾大师认为，正所谓“祸兮福之所倚，福兮祸之所伏”，人生就是在福祸中相互转换，而决定人生状态的则是自己的心态。做人贵在以超然之心看待自己的得与失，要做到得意时不忘形，失意时不失态。

得意勿忘形，张弛有度

事事顺遂、春风得意是每个人都希望的人生状态，但得意者绝对不能得意忘形，要始终提醒自己，福祸相倚，要时不时地回头看看自己来时的路。处于山顶高峰，前后都是下坡路，一时松懈，随时都会滚落山脚，到那时可能连“落水狗”的命运都不如。

在20世纪60年代的小学课本上，有一篇寓言故事讲的是狮子和蚊子之间发生的一场大战，按道理来讲，威风凛凛的狮子应该可以轻而易举地战胜蚊子，可是蚊子凭借自己小巧灵活的身子，咬得狮子满身是包，狮子有力却使不上，只能眼睁睁地看着蚊子耀武扬威却又无可奈何。蚊子战胜了狮子后，风光无限，得意忘形，到处宣扬自己的战绩，却一不小心撞到蜘蛛网上，成了蜘蛛的美食。

人在顺境的时候很容易忘乎所以，忘记本分，恃才傲物，盛势凌人，居功自傲，结果反而招来祸患。所以，做人贵在以超然之心看待自己的得与失，要做到得意时不忘形，失意时不失态。

南怀瑾大师对此有着深切的体会，他每次都在仕途的最高峰选择退隐。年轻的时候他曾组织自卫团并担任总指挥，在他的带领下，自卫团人数达到三万多人，好不风光，此时他认为自己可以功成身退了，就放弃了总指挥的位子，转而去军校做了一名普通的教官。在任教期间，他不仅攻读了研究生，同时教授政治学，前途一片光明，可他发现自己的教育理念与军校不符，毅然决然地辞去教职，随袁焕仙先生在成都成立维摩精舍，并成为其开山首座弟子。

南怀瑾大师这两次退隐，如果换作普通人，可能无法做到，甚至会认为，自己风华正茂，有了权力，有了手下，前途无限，只差一步就能到达巅峰，这样退隐是一种怯懦。实则不然，能做到说退就退、说隐就隐，这才是进退的处世智慧与哲学。真正毁掉英雄人物的不是别人，而是志得意满、狂放不羁的自我。

失意不失态，进退有方

漫漫人生路，平坦之途少之又少，上坡路与下坡路荆棘交织、坎坷纵横，成为贯穿人生之旅的一道独特风景。有了成功，就会失败。失败不重要，重要的是不要失去再爬起来的勇气，愈是人生的低谷，愈是应该努力。

每个处于失意之时的人都会觉得自己曾经的努力全泡汤了，特别容易想到放弃，一旦放弃，可能连翻身的机会都没有了。我们要做的反而应该是加倍地努力，从谷底站起来，积蓄能量，慢慢地爬坡上路，只有不断地坚持，才能找到新的登顶机会。

“汉初三杰”之一的韩信就经历了祸福转化的一生。韩信未发迹之前，一直磨砺意志，忍辱负重，希望终有一日能够出人头地。有一回，几个地痞流氓把他堵住，让他从其中一个的胯下钻过去，韩信忍受了胯下之辱。天下大乱之后，韩信投靠项羽不得重用，后转而投靠刘邦，依然没有被重用。幸好遇上了萧何，在萧何的帮助下，韩信被刘邦拜为大将军，从此开始了他辉煌的一生。

坚持努力的人是最难能可贵的。对于那些不能坚持的人，当他目标达不到的时候，他有可能中途就会放弃，可是坚持的人，他就能拼到底。台湾明星罗志祥曾经因为家庭贫困从小受到同学的冷眼和嘲讽，不得不靠出道唱歌挣钱养家，却始终不红，媒体也常常对他冷嘲热讽。但他没有放弃，每天都拼命地学习跳舞、练习唱歌，后来他靠自己出色的才华和独特的搞笑风格，被媒体封为三冠王，都说他是收视率的保证。

人生有因果，事出总有因，当你处于失意之时，不要怨天尤人，轻易放弃，而是要冷静下来，认真地剖析自己，做出新的人生规划，把失败当作成功的缓冲，明白停顿是为了更有力地起跳。走上坡路时要低调而不得意忘形，要有山重水复多险滩的忧患；走下坡路时，要坚持而不自暴自弃，要有峰回路转别有洞天的信念。

低头走好上坡路，昂首走好下坡路，常回头看看自己走过的路，以一种自省的方式拣起散落在人生路上的多彩珍珠，给自己一个警示和希望！

Part 2

不知言，无以知人

——南怀瑾谈说话哲学

正所谓祸从口出，在与人交流中稍不留神说错话，轻则伤及二者友情，从此二人形同陌路；重则使得合作告吹，乃至带来邦之重难。虽然巧舌如簧的滑头不被提倡，但是说话艺术的重要性还是应予以重视的，它是交际的必修功课。“良言一句三春暖，恶语伤人六月寒”，把握语言的分寸本来就是一个人修身养德的基本要求。不懂得语言的艺术，不懂得表达自己的意图，或者不知道通过语言揣摩别人的心意，都容易导致误会丛生，终不能成事！

·1·

言多必失，说话三分为妙

南怀瑾大师认为做人要说话有度，做事有方，正所谓大智若愚，真正有学问、有内涵的人不会信口开河，只有那些胸无点墨而又争强好胜的人才会夸夸其谈。俗话说“病从口入，祸从口出”，凡事都要低调而行，只有少说多做，才是避免犯错的最佳途径。南怀瑾大师就常教育弟子：“君子耻其言而过其行，君子欲讷于言而敏于行。”

祸从口出，沉默是金

卡莱尔的名言“沉默是金，雄辩是银”，和孔子的警句“巧言令色，鲜矣仁”不谋而合。南怀瑾大师认为，沉默是说话的另一种艺术的表达，同时也是在保护自己，因为沉默永远不会出卖你。多门之室生风，多言之人生祸。如果你仅仅想通过言语上的咄咄逼人而获得胜利，那你说得越多，错的就越多。而且，说出去的话如同泼出去的水，一旦说出口就无法收回，一旦造成失误也就很难避免，所以控制好自己的言语才是成功的第一步。

明代开国皇帝朱元璋，出身贫寒，少年时就放牛，给有钱人家做工，甚至一度还为了果腹而出家为僧。但朱元璋却胸有大志，风云际会，终于成就一代霸业。朱元璋当了皇帝以后，一日，他年轻时候的穷伙伴前来求见。朱元璋是个念旧情的人，就传他进来。这个穷伙伴见到朱元璋高兴坏了，生怕皇帝忘了自己，还没站稳就指手画脚地在金殿上说道："我主万岁！你不记得吗？那时候咱俩都给人家放牛，有一次我们在芦苇荡里，把偷来的豆子放在瓦罐里煮着吃，还没等煮熟，大家就抢着吃把罐子都打破了，撒下一地的豆子，汤都泼在泥地里，你只顾从地下抓豆子吃，结果把红草根卡在喉咙里，还是我出的主意，叫你用一把青菜吞下，才把那红草根带进肚子里。"

当着文武百官的面，"真命天子"朱元璋又气又恼，哭笑不得，只有喝令左右："哪里来的疯子，来人，快把他拖出去砍了！"

有时候面对事情，肆意的侃侃而谈并不是最好的选择。甚至会给人带来言而不实的感觉，甚至会给自己带来杀身之祸。辩不如讷，语不如默。人一口，则为合，少言则是"合"理，要善用沉默的力量，避免语言的意气之争。

智者寡言，言多必失

墨子有个学生叫子禽，有一次，他问老师："多说话到底有没有好处呢？"墨子回答说："话说得太多是没有好处的。池塘里的青蛙整日整夜地叫，弄得口干舌燥，但是从来也没有人去注意它。而报晓的雄鸡每天只是在天亮时叫上两三遍，人们却对它很在意，因为听到鸡鸣，就知道天快亮了。所以，话一定要说到有用处，废话还是少说为好。"

战国名将赵奢之子赵括，从小就饱读兵书，每次一说起用兵之道，他都口若悬河、头头是道，甚至连他的父亲都自愧不如。因此，大家都觉得赵括日后必将成为一位优秀的军事家。然而，赵括只能算是一个军事理论家，当他代替廉颇成为长平战役的最高指挥官后，被打得落花流水，四十万大军全军覆没，本人也死于战场。经此一战，赵国元气大伤，最终亡于秦国。

与赵括不同，不善表达的苏轼始终徘徊在新旧两党之间，屡遭迫害。虽然他不会说，但是他的行动却赢得了老百姓的认可。在杭州为官期间，他深入民间了解百姓疾苦，看到了兴修水利的重要性，并多次上书朝廷请求拨款赈灾，却没有受到重视。后来他通过义卖字画进行筹款，疏通西湖，为后世保留了西湖如画的美景，并用挖出的泥土在西湖旁建筑了一道长堤，这便是著名的“苏堤”。

交浅言深，君子所戒。君子话简而实，小人话杂而虚。不必说而说，这是多说，多说要招怨；不当说而说，这是瞎说，瞎说要惹祸。措辞用得恰当，是宝贵的工具；随意乱用，则甚为危险。

说话三分为妙，则是只说有用处的话，多思考，少发言。真正的智者是知道得多，而说出来得少，他们说而有度，话而有寸。真诚者寡言，虚伪者多辩。我们因说话所树立的敌人，远比因做事所结交的朋友要来得多。宁因寡言被人谴责，毋因多言为人责怪。多言不如多知。言语如箭，一发难收。

“逢人只说三分话，未可全抛一片心。”细察老于世故的人，他们凡事只说三分，并非事事对人言，正所谓话留半句，不该说的、做不到的话不必说出来。人大致分为两种：一种是光说不会做的人，他们将事情说得很大，表现出事半功倍的样子，最终却往往失信于人；另一种是光做不会说的人，他们往往不受待见，却始终坚持自己的原则，用结果证明自己。南怀瑾大师则希望大家能做第三种人，那就是“会做又会说的人”，做事用全力，说话收七分，因为失足犹可追，失言难挽回。

·2·
谣言总是止于智者

在《论语·雍也》中，有这样一段话：“子见南子，子路不说。夫子矢之曰：‘予所否者，天厌之！天厌之！’。”孔子去拜见南子，却被传言为想借助南子的力量介入卫国朝政，学生中脾气最大的子路当面对孔子提出了质疑。

南怀瑾大师认为，孔子的“赌咒”是在明确地告诉子路，他们的看法是不对的，不要人云亦云。孔子所否定的是子路听信流言的态度，他想表达的是罪大恶极的人，不但人讨厌他，就是天也讨厌他。

正所谓“众口铄金，积毁销骨”，这就是人言可畏。俗话说得好，谣言止于智者。孔子对子路质疑的否定，也是在教育我们面对谣言时要做个智者，要对谣言进行分析，不要以讹传讹，更不要让别有用心的人任意制造谣言。人情世故要通达，凡事问心无愧，不要管旁人背后怎么说，要谨言不传谣，更要慎听不信谣。

谣言三至，慈母也不亲

都说“身正不怕影子斜”，然而在现实生活中却不总是这样的，再正直的人也经不起谣言的中伤，谣言说得多了，也能被人们当成事实。

曾参在费地居住的时候，有个与他同姓同名的人杀了人。有人告诉曾参的母亲说：“曾参杀人了。”“我的儿子不会杀人”，曾参的母亲说罢，低头继续织布。过了一会，又一个人跑来说：“曾参杀人了。”曾参的母亲仍然织布。又过了一会，又有人来说：“曾参杀人了。”这次曾参的母亲惊恐万分，扔掉梭子，翻过垣墙逃跑了。就连曾参这样贤德的人，他的母亲都对他产生了疑惑和不信任，可见谣言的危害之大。

南怀瑾大师说过，谣言从一个人口中传出来可能仅仅是谣言，但是“三人成虎”，当谣言大面积传播，所有人都在说的时候，谣言就会变成可怕的“事实”。谣言的伤害在于它是无孔不入的，它可以摧毁任何坚固的关系，能让甜蜜的情侣分手，亲兄弟反目成仇，甚至危及整个国家的兴亡。

1946年夏天，南美的某个国家曾谣言说饥荒要降临，然而事实上当年的气候非常适合农作物的生长，肥沃的农田正预示着这里即将迎来一场大丰收。可是，谣言散播得太快，从最开始的一两个农夫搬走，到最后两万个农夫抛弃农田逃命，马上就要收获的庄稼也被荒废了，成千上万的人被饿死，饥荒的谣言变成了现实。

没有根据的流言蜚语，看似几句简单的话，但是其危害却是非常大的。然而，真正赋予谎言和流言力量的其实是我们的轻信和盲目，谣言不过是轻轻推了人们一把而已。

谣言之所以成为谣言，是因为人们不经思考就开始散播，而谣言的力量更像是多米诺骨牌效应，以讹传讹，最终成为压倒骆驼的最后一根稻草。

面对谣言，理性思考

谣言之所以能大面积地快速散播，是由于传播者的盲目跟风，没有辨明真假。荀子曾留下千古名言："流丸止于瓯臾，流言止于智者。"南怀瑾大师对于这句话的理解是，谣言是禁不住分析的，就像一个圆球一样，滚到聪明的人那里，他们经过理性的分析，谣言自然就停止不前了。对是非有疑问，用过去的事衡量，用眼前的事检验，用公正的心考察，那么流言蜚语就会止息，恶言恶语就会消失。

汉昭帝曾收到一封燕王写来的事关重大的告密信，信中告发辅政大臣霍光，说他最近正加紧步伐举兵谋反，篡夺皇位。信中说得有根有据，言辞恳切，不由得汉昭帝不信。虽然霍光光明磊落、问心无愧，但是历史上被冤杀的人不在少数，自己能否逃过这一劫还很难说，因此他整日惴惴不安。

某日，汉昭帝召见霍光，霍光连连向汉昭帝磕头请罪，然而汉昭帝却对霍光说："那封揭发你的信，朕已经仔细研究过了，是假的，不是燕王写来的，朕相信你，你是无罪的。"原来，汉昭帝并没有偏听偏信，而是多次派人调查获知真相，最终还了霍光一个清白，也让霍光感动得老泪纵横。

生活中，工作中，人际交往中，总是会出现这样那样的谣传。面对别人对自己造谣，你要做的不是急于辩解，而是要摆正心态，用事实说话，用自己的行动来告诉别人，自己是什么样子的。

“谣言止于智者”，这句话的前提是要对真相进行充分的调查，真正的智者，绝对不会说出没有根据的话。随着网络的不断发展，我们每天都能接触到海量的信息，各种虚假信息和谣言也随之而来。所谓“谣言止于真、止于智”，我们应当用智慧、理智的眼光去看清这些信息背后的真相，而不是盲目地相信，做谣言的“帮凶”。

·3·
一句恶言，是害人害己的“砒霜”

南怀瑾大师常常强调说话的艺术，他认为，一句话说不好，人与人之间就会产生矛盾，“一言兴邦，一言丧邦”，可见语言艺术的重要性。有时候，一句侮辱的话会促使一个善良的人行恶，一句宽慰的话可以化干戈为玉帛，一句言真意切的表白可以获得一生的爱情和幸福，一句恶语可以摧毁多年的夫妻之情。

因而古人说：“赠人以言，重于珠玉；伤人以言，甚于剑戟。”出口伤人似乎不需要太多的训练，但话语暖人却是一种需要长期修炼的本事，更是一种人生境界。证严法师说“一辈子的大事是好好说话”，“心地再好，嘴巴不好，也不能算是好人”。

世上的矛盾、冲突大多都是言语不合引起的。有时候无意间的一句话就会伤害到别人，别人为了出气，就会想办法报复你，就这样你来我往，小小的一句话就会演变成一场祸事。

恶语伤人六月寒

曾经有新闻报道说，某地一公交车上售票员与女学生发生了口角，售票员最后掐死了学生，被判处死缓。语言可以安慰人，也可以引发争端。正所谓“恶语伤人矛刺心，话留半句积口德”，恶言包括诅咒、耻笑、辱骂、攻讦、中伤等。言语暴戾容易招致灾祸，一句恶语也许会成为“杀人”凶器。

2015年初，24岁的台湾女星杨又颖被家人发现，她将自己反锁在台中住处房间，疑似以吸氦气的方式自杀。在自杀现场发现了她的遗书，其中描述了自己长期遭受到部分网友无底线谩骂的心酸，连送东西给身边工作伙伴都会惹来同事闲言闲语，讥讽她是在“巴结”别人，最终她无法承受这样的语言伤害而选择死亡。阮玲玉在临死前写下一句“人言可畏”，而后结束了她年仅25岁的生命。“良言一句三冬暖，恶语伤人六月寒”，言语的伤害有时比肉体的伤害要猛烈百倍千倍。

南怀瑾大师就曾说过：“开口讥诮人，不惟丧身，足亦丧德。”有些人喜欢骂人，或在背后说别人的坏话，可曾想，最先听到的便是他自己。骂人的声音就像魔音一样，听得最多的人，被伤得也最深。当口出恶言成为习惯后，经由自己的耳朵夜以继日地聆听、灌输，久而久之，这种语言就成了心田的种子，早晚会结出厄运的果实。

常常有一些朋友埋怨自己情感不好、财运欠佳、小人太多、命运不公，而实际上往往是因为他们在日常生活中不注重口德，不知不觉间就得罪了人，最终伤害了别人，同时也伤害了自己。

良言一句三冬暖

正所谓“言语有风险，说话需谨慎”，语言就像一把双刃剑，一句话能把人说恼，也能把人说笑，就看你如何把握这个度。言语是思想的衣裳，谈吐是行动的羽翼，它可以表现一个人的高雅，也可以表现一个人的粗俗，没有谁喜欢经常用恶语伤人的人。话说得合适，不仅能体现自身修养，也能让人很容易接受你的观点或意见，使人愿意接近你。

有一位老年顾客，拿着一只酒瓶请营业员打黄酒，在营业员接酒瓶时，酒瓶忽然掉下来摔碎了。那位营业员马上道歉说：“老同志，对不起！是我没有接好，这是我的过失。”说完，他立即掏出钱来要赔偿。老年顾客见营业员连声赔礼，不但没有发火，反而自责说：“不要紧，是我没有递好！我回去重新拿一只来就是了。”就这样，一件很容易引发争吵的事被圆满地解决了。

有人因言而招祸，有人因言而成就，有人舌灿莲花，有人口出恶言。赠人以善言，重如珠玉；伤人以恶言，甚于剑戟。

有一个囚犯，越狱后大肆抢劫，并登上开往边境的火车逃亡。火车太挤，他只得站在厕所门口。这时，有一位姑娘如厕，关门时发现门扣坏了，她很有礼貌地对囚犯说：“先生，你能为我把门吗？”囚犯一愣，看到姑娘那纯洁无邪的脸，立刻庄重地点了点头。他像一位忠诚的卫士，把守着门。因为姑娘的一句话，他改变了主意，决定下车到派出所投案自首。

一句粗暴的话语，可以让一颗良知尚存的心灵彻底毁灭；而一句充满信赖的话语，能使一个正在沉沦的灵魂得到拯救。我们当善放良言，力戒恶语，因为有时候，一句话可以影响人的一生。

以前有个高僧说过：“众生自无始以来，口业过恶，积如山海。”因此，千万不要忽略自己脱口而出的任何一句话，不要逞口舌之快，因为言语具有传播性，对此我们绝对不能忽视。每天的言行举止都是修行，利人利己是一件功德无量的事情。

·4·

失言在先，失人在后

《论语》中有这样一段话：“可与言不与之言，失人；不可与言而与之言，失言。知者不失人，亦不失言。”

南怀瑾大师认为，孔子的这番话强调的是说话的时机点。可以跟他讲的时候叫“可与言”，但是我们却没有掌握，即“而不与之言”，这样就对不起人，即为“失人”。时机还没到，“不可与言”，却急着要跟他讲，“而与之言”，就讲错话了，即“失言”。孔子说，“知者”，有智慧的人，“不失人”，不会对不住人、对不起人，“亦不失言”，也不会讲错话。该你提醒别人的时候，你没有把话说到，这是失人。不应该你说的时候，你却跟人家说了，这就是失言。一个智者，既不会失言也不会失人。无论是失言还是失人都不是一件令人愉快的事，因而有人把说话当作社交中最难的事。

真正的智者，对人生、社会看得全面、透彻，在人际交往中审时度势，因人而异，谈吐得当，不会错失人才和朋友；也不会喋喋不休，甚至对牛弹琴，发生“失言”的事。人与人之间的谈话，就像是一场又一场的谈判，必须掌握说话的技巧。选择合适的时机，找准正确的突破口，选择适当的表达方式，方可收到事半功倍的效果。

说话前，想想再开口

南怀瑾大师常说，语言的力量是非常强大的，“三寸不烂之舌，强于百万雄师”。会说话的人，更容易说服对方，会促进事情圆满完成；相反，话说得不好，则会招来祸患。

帝乙死后，纣王即位，比干全力辅佐纣王治理国家。当比干看到纣王沉迷声色、荒于政事时，多次直言进谏，还以先王艰辛创业的历史来激励纣王，纣王心中不快，表面点头称是，却仍是荒淫暴虐。于是，比干连续三天进宫进谏，直言不讳地抨击纣王惨无人道的暴政。纣王恼羞成怒，决定要拔掉比干这颗眼中钉，遂命人剖开比干的肚子，取出心肝，并向全国下令说：“少师比干妖言惑众，赐死摘其心。”

千古名臣魏征也曾因为直言不讳差点死于非命。有一次，他因为军粮的事进谏皇帝李世民，大胆指出李世民的种种专政，皇帝大怒，骂道："君臣体统何在？"魏征见皇帝动怒，唯唯退下。皇帝非常生气，大骂魏征，并与长孙皇后说要杀掉魏征这个土老帽（魏征瓦岗军出身），好在长孙皇后知人善用，说服皇帝饶了魏征一命。

说话直爽可以说是一个人豪爽的表现，但是在纷繁复杂的社会里，免不了要吃亏。说话看似很简单，上下嘴唇一碰就出来了，但是如何把握好度，才是说话的真正艺术。在我们的生活中，无论和什么人说话，都要看清楚情况再说。如果不假思索地脱口而出，往往会引起歧义，甚至得罪了别人都不知道。智者会审时度势，用委婉的方式将道理讲出来，既能起到警示别人的作用，又不至于得罪人。

言行一致，方是真君子

南怀瑾大师认为，人们都希望得到别人的认可。很多时候，人们会通过夸大其词来获得别人的注意，但是这样很难得到真正认可。要想取得别人的信任和认可，就要舍弃说空话大话的毛病，多做一些实事。只有这样，别人才放心把更重要的任务交给我们，我们才有机会取得更大的成绩。

孔子曾说，古代有德之人从不轻易承诺，因为他们认为实现不了诺言是最大的耻辱。他还说，"君子欲讷于言而敏于行"。可以看出，孔子对君子的要求是言行一致。

言行一致者，古也有之。秦孝公即位后，为了加强对国家的统治，决定进行变法，并命商鞅担此重任。而要推行变法，首先得立信于民。为此，商鞅在城东门立了一根柱子，并张贴写有“谁能把柱子从东门移到西门，就赏赐一百两银子”的告示。告示张贴之后，人们议论纷纷，认为这么简单就能换得一百两银子，显然是骗人的。过了几天，都没有人去移动柱子。一位老实人抱着试一试的心态把柱子从东门移到了西门，结果真的获得了一百两银子的赏赐。商鞅靠“一诺千金”在百姓心中树立了威信，新法使秦国渐渐强盛，最终一统天下。

言过其行者，古也有之。三国时期，蜀国大将马谡常与军师诸葛亮谈用兵之法，可谓对答如流。诸葛亮不听其父的劝阻，把守街亭的重任交予马谡，导致街亭失守，蜀国危在旦夕。诸葛亮挥泪斩马谡，演绎出“纸上谈兵”的故事。

吃饭吃个半饱才有助于健康，饮酒饮到微醺才能体会到饮酒的快乐。世上的任何事物都是一样，必须保持在一个度上，一旦超过那个度，就会损及自身。说话也是一样，话不能说得太满，给自己留下缓冲的余地，才能随时调整，做到进退自如。

说话是一种艺术，话说好了，可以事半功倍。因此我们不仅要具有做事的能力，还要培养说话的能力。仅仅具有做事的能力，只能成为一头默默无闻的孺子牛；仅仅会在嘴皮子上下功夫，没有真本领，也不会走得太远。只有把两者有机地结合起来，踏踏实实做事，小心翼翼说话，有功则显，无功则隐，才能让自己的人生路成为坦途。

·5·

正面辩论不如侧面进击

人与人相处，难免会有磕磕绊绊，正如南怀瑾大师所说，每个人的成长环境、教育背景以及思维方式都是不一样的，对同一个事物有不同的看法很正常，但是正面的辩论会引起对方的反感，甚至会激化矛盾，取得适得其反的效果，所以我们应该尽量避免正面冲突。

大师常常教导弟子：成大事者，不要处处与人争辩，不应该花大量时间在与他人的正面辩论上，争辩的后果只会是有损你的教养，甚至会让你失去对自己的控制力。真正的智者会尽可能谦让别人，从侧面去引导他、说服他。

避免与人发生正面的辩论

有弟子问南怀瑾大师："我怎么才能控制自己不与人正面争辩呢？"大师笑了笑说："你自己要衡量一下，你是需要表面的胜利，还是要获得别人对你的好感？你可能有道理，但是想要通过激烈的争辩去改变一个人的观点，那是根本不可能的，即便你表面上击败了他，也只会让他对你更加怨恨，让他口服心却不服，此时，微微一笑岂不更好？"

二战结束后，德国著名将领卡尔去参加晚宴，坐在他旁边的一位先生在讲笑话的时候引用了一句话，意思是“谋事在人，成事在天”，他认为这句话来源于圣经，但是他错了。卡尔记得这句话的正确出处，并立刻出言纠正这位先生，这句话是出自莎士比亚。那人立刻反唇相讥：“不可能，绝对不可能！那句话就是引自圣经。”他自信确实如此。

卡尔不甘示弱，急忙找到莎士比亚研究学者弗兰克•格蒙请教，格蒙听了，在桌下踢了卡尔一下，然后说：“卡尔，这位先生没说错，圣经里有这句话。”

宴会结束后，卡尔一直闷闷不乐，他不明白为什么格蒙没有帮他。格蒙看出了卡尔的心思，对他说：“这句话的确出自莎士比亚，你说对了。可是，卡尔，我们都是宴会的客人，为什么一定要证明他错了呢？那样只会让他讨厌你，让气氛更加尴尬，况且，他并不需要你的纠正，你又何必跟他一般见识呢？我们应该永远避免跟别人正面辩论。”

永远避免与人发生正面辩论，这句话后来成为卡尔的座右铭。从那次之后，卡尔听过、看过、参加过也批评过数以千次的争论，他得到一个结论：天底下只有一种能在争论中获胜的方式，那就是避免争论。遇到争论，宁可装糊涂，给人留面子，也不要让人下不了台。

正面冲突很容易引发误会，甚至结下仇恨。不如想方设法尽量避免正面冲突，这才是保护自己的明智做法。

掌握侧面迂回的说服之道

南怀瑾大师总是在强调，其实正面的冲突是可以避免的，这也就是说话的艺术。

有时候，我们与人发生正面冲突就是因为太过于冲动，遇到一点点小事就大发雷霆，殊不知在激烈争辩的同时也得罪了人，为自己种下了恶果。换个角度想，如果换种方式去沟通，也许我们就能避免冲突，反而获得意想不到的收获。

战国时期，赵国的太后刚刚执政，秦国乘机攻打赵国，形势非常危急。赵国向盟友齐国求救，齐国答应出兵支援，但有个条件，就是要求长安君到齐国做人质。太后宠爱长安君，执意不肯，致使国家危机日深。

赵国的大臣们十分着急，纷纷谏言太后答应齐国的条件，然而爱子心切的太后却听不进去任何劝说，甚至说出了“谁再来劝我让长安君当人质，我就啐他一脸”的话。

老臣触龙看在眼里，急在心里，但他并没有直接与太后争辩，而是晓之以理，循循善诱。他先是从关心太后的饮食起居入手，让太后感受到老臣的关心，缓和气氛。然后，他通过谈及自己的小儿子，表达出自己望子成龙的心情，让太后感同身受，再进一步规劝太后也应为长安君多做打算，就像太后对待自己的女儿——如今的燕后一样，不是一味地溺爱，并指出，长安君此去实质是去“立功”的。触龙这样察言观色，避其锋芒，让太后慢慢明白了这全是为子女着想，最终同意长安君到齐国为质，换来了齐国的援兵。

正面争辩并非唯一的方法，迂回劝说反而能取得意想不到的效果，触龙的高明之处就在于，他没有犯颜直谏，而是换个方式，换个角度，从侧面进击，最终把问题圆满解决，这就是智慧的说话之道。

有时候我们会为了逞一时的口舌之快与人发生争辩，却因为一句不恰当的话引发更深的误解。虽然俗话说“不打不成交”，但是打了之后能成交的几乎寥寥无几。所以，何必弄得面红耳赤、关系紧张呢?

正如明智的本杰明·富兰克林所说的：“如果你老是抬杠、反驳，也许偶尔能获胜，但那只是空洞的胜利，因为你永远得不到对方的好感。”

林肯有一次斥责一位与同事发生激烈争吵的青年军官，他说：“任何决心有所成就的人，决不会在争执上耗时间。与其跟狗争道，被它咬一口，不如让它先走。因为，就算宰了它，也治不好你的咬伤。”

这是何等形象的比喻，又包含着何等的睿智！记住，不要做无谓的争论。

·6·
感同身受，把话说进心窝里

南怀瑾大师常教育弟子，语言的交流是保持和增进人与人之间感情的桥梁，有时候，一句体己知心的话能胜过行动上的关怀，暖人心窝。正所谓“酒逢知己千杯少，话不投机半句多”，这一古语道出了说话要说到点上的道理。同样一句话，换一种方式说，意思就会完全改变。大师常说，要学会推己及人，把坏话好说、狠话柔说、重话轻说、急话缓说，把话说进心窝里，才能拉近人与人之间的距离。

换位思考，才能对他人冷暖设身处地

人与人之间的沟通交流少不了换位思考，正如南怀瑾大师所说，我们每说一句话之前，都应该先站在对方立场去想一想，这样说出来的话才不会引起别人的反感，也不会导致矛盾的产生，为相互理解和沟通架起一座桥梁。

《圣经》里有这样一个故事：有一次，人们要处死一个犯了错误的妇人，耶稣说："可以，可是你们每个人都要扪心自问，谁没有犯过错误，那他就可以动手。"那些人都自觉心中有愧，想到自己也会犯错，便不愿再去指责和惩罚那位妇人，妇人最后免于行刑。

这与孔子的"己所不欲，勿施于人"是一个道理。正如南怀瑾大师所说："你们希望别人如何对待你，那你就要这样去对待别人，学会换位思考，推己及人。"

有这样一则寓言故事：有一头猪、一只绵羊和一头乳牛被关在同一个畜栏里。有一天早上，牧人进来捉猪，猪大声地嚎叫，猛烈地反抗。绵羊和乳牛很讨厌猪的嚎叫，便一起责备猪："你吵什么啊，他常常捉我们，我们都没大呼小叫的。"猪听了回答道："他捉你们和捉我完全是两回事，他捉你们只是要你们的毛和乳汁，但是捉我却是要我的命啊！"

绵羊和乳牛没有考虑到猪的感受就加以抱怨，却不知猪挣扎在死亡边缘，这则寓言形象地说明了一个道理，那就是说话之前先要理解对方。现实生活中，每个人都有自己的社会经历和处事方式，习惯性地从自己的角度出发去想问题，说话时不假思索就脱口而出，这样就造成了交际障碍。

《论语》说："未见颜色而言谓之瞽"，这个"瞽"字说得很严厉，就是说一个人说话不去看别人的脸色，那就叫睁眼瞎。说话前要多了解对方的想法，看看什么话能说，什么话不能说，这也是基本的尊敬和顾忌。

在日常生活和工作中，将换位思考变成一种习惯，你就能感受到沟通带给你的益处，将话说进别人的心坎里，让别人因你而开心，日积月累，最后就会像老子所说的，"非以其无私耶，是以成其私"。

将心比心，才能对他人关切感同身受

会说话的背后其实就是将心比心，能够真的理解他人的所求所想，这样才能真正发挥语言的力量。南怀瑾大师说，换位思考是将自己当作别人，不要"站着说话不嫌腰疼"，要从别人的角度出发，而将心比心则是把别人当作自己，别人任何的行为都能找到理所当然的地方，这样我们说出的话才是真正为他人着想，从而在心理和情感上得到别人的认可。

有一次，南怀瑾大师的内侄王先生从上海给他带了一盒酱猪肘。这个上海话叫作"酱蹄膀"的带骨酱猪肘，外观齐整，酱色美观，就是火候欠缺，里外偏生，肉丝显得老而粗硬，嚼着实在费劲，而且品位不佳。就餐时，南怀瑾只尝了一口，确实咬不动，只得搁置一旁。其他人一尝，也有同感。然而，他并未就此加以品评，而是借别的话题将这事岔了过去。

酱猪肘之所以品质不佳，皆因王先生临赴港前比较匆忙，没时间到好一点的商店去购买，只是在附近的小店临时购来。南怀瑾大师深知侄儿一定也想带上好佳肴来看望自己，出现这样的情况也是无心之过，而此时他心里也必定深感愧疚。所以，万不可再“火上浇油”，让他更加难堪。

将心比心，这是老百姓常说的一句善解人意的俗语。如果我们能做到将心比心，多说一些理解的话，少说一些指责的话，那么人与人之间就会多一些宽容和理解，少一些计较和猜疑。

生活中，我们之所以常常对别人抱怨，有时甚至恶语伤人，往往就因为我们只从自己的角度考虑问题，说出来的话自然也充满了自私和无情。即使是最没本事的人，在责备别人时往往也能够大发议论；即使是最聪明的人，在对待自己缺陷时也往往糊涂。如果我们能用指责别人的话来反问自己，用对别人的要求来规范自己，把自己摆到对方的位置，对事物进行再认识、再把握，如此感同身受，才能真正把话说到别人的心窝里。

曾国藩也说过：“事亲以媚字为要。”从世俗的角度看，这样说他们高兴，干吗不这样说呢？所以，说话要感同身受，正所谓“世事洞明皆学问，人情练达即文章”。

·7·
尖锐而不刻薄，俏皮而不直露，才是真幽默

幽默不是靠单纯的讽刺图乐呵，也不是口无遮拦得让人觉得缺少教养，真正的幽默是智慧、爱心与灵感的结晶，是在欢笑的背后表达着对事

情的严肃态度。

南怀瑾大师在生活中就是一个幽默的人，在教育弟子的时候，大师常常用一个幽默的表达，让大家在轻松活泼的气氛中得到感悟，论理道事总能寓庄于谐，风趣幽默，从而赢得大家的尊重和喜爱。他认为幽默是一种高深的说话艺术，能表现出一个人的素质和修养，以及对生活的态度。

语言的幽默可以化解尴尬

恩格斯曾经说过：“幽默是具有智慧、教养和道德的优越感的表现。”幽默能表事理于机智，寓深刻于轻松，给周围的人以欢笑和愉快。幽默运用得当时，能为谈话锦上添花，叫人轻松之余又深觉难忘。

周恩来总理是国际上公认的幽默大师，凡是与他打过交道的人，无论是国家元首还是国内外记者，都为他幽默风趣的语言魅力所折服。面对一些刁钻问题，周总理总是能用幽默轻松解围，被誉为最难对付的政治家，也赢得了大家的尊重。

1971年，基辛格为恢复中美外交关系带人秘密访华，在谈判尚未开始之前，基辛格曾突然向周总理提出要求：“总理阁下，中国的马王堆一号汉墓的发掘成果让人十分震惊，尤其那具珍贵的古代女尸，更是让人大开眼界。我受国际科学协会所托，想用一种地球上没有的珍贵物质来和贵国保存女尸的木炭进行交换，不知道您是否愿意？”

周总理反问道：“国务卿阁下，不知贵国政府将用什么来交换？”基辛格回答道：“就是我们的宇宙飞船从月球上带回来的稀有泥土啊，这肯定是地球上没有的吧！”

本以为周总理会哑口无言，岂料，他却哈哈一笑："我道是什么，原来是我们祖宗脚下的东西。"基辛格一惊，疑惑地问道："怎么？你们早有人上了月球，什么时候？为什么不公布？"

周总理幽默地回答道："我们早在5000多年前就公布了，当时有位嫦娥飞上了月亮，建了广寒宫住下，我们还要派人去看她呢！怎么，这些我国妇孺皆知的事情，你这个中国通还不知道？"

周总理用机智缓解了尴尬，用幽默的语言赢得了大家的认可，更是彰显了个人魅力。真正的幽默可以成为一种交际的工具，"尖锐而不刻薄，俏皮而不直露"的真幽默能让烦恼变成轻松，若是将幽默这张牌用得恰到好处，足以润滑我们的人际关系，以更加放松的心态来面对每一天的如意与不如意。

真正的幽默是敢于自嘲

南怀瑾大师喜欢自嘲，常常说自己事实上只是个说书先生，每次演讲的开场白都说自己一生其实"一无是处、一无所长"，只会说佛念书。大师认为，真正具有幽默感的人都是敢于自嘲和能坦然接受自身缺点和优点的人。有些人总喜欢在公共场合说一些犀利的话，期望达到一鸣惊人的效果，却往往事与愿违。其实他们并不懂，真正伟大的人，都是敢于自嘲的人。

著名散文家林清玄是一位高产作家，平均每年出版三本以上的新书，他的散文中处处充满着禅机，往往令读者回味无穷。生活中，林清玄也是一位幽默风趣的人，经常妙语连珠，借逗笑点明人生的真谛，让大家敢于直面惨淡的人生。

有一次，林清玄以“人生一定要精彩”为题做客四川师范大学，还未上台就听见台下有个女生惊呼：“林清玄怎么秃顶啊！”林清玄听到后并没有介意，而是继续走上台演讲，一开场就自嘲：“儿子小时候写作文，题目叫‘我的理想’，儿子在其中写道，我想做科学家，想做医生，想做教师，想做水手，想做企业家，想做的职业太多，所以一时还不能确定，不过唯一可以确定的是，我将来一定不会当作家。我好奇地问儿子为什么，作家不是挺好的吗？儿子的回答却令我大跌眼镜，儿子说：‘我才不当作家呢，我要保护我的头发不掉光！’讲完这个故事，林清玄举起手，摸了摸自己光秃秃的头顶。顿时，台下的学子们被这位勇于自嘲的散文大师逗得前仰后合。

我国著名书画大师启功成名之后，上门求画者不断，启动大师为人善良，虽不愿受到打扰，却也不好意思拒绝，无奈上门的人愈加增多，已经严重影响到大师的身体健康，所以他常在自己的门上挂一个牌子，上书：“大熊猫病了！”来者通常会心一笑而回。

敢于自嘲的人是因为他有一颗豁达开朗的心，只有心胸坦荡、超越利益的大度之人才会释放幽默的力量，妙语常在。正如南怀瑾大师，他的话常常让听者开怀大笑，风趣中带着对弟子意味深长的教诲，以及对自己不失尊严的戏谑。

真正的幽默能让人感受到说话者的善良天性和智慧内涵，正如林语堂在论及幽默时说道：“幽默是由一个人旷达的心性中自然而然地流露出来的，其语言中丝毫没有酸腐偏激的意味。而油腔滑调和矫揉造作，虽能令人一笑，但那只是肤浅的滑稽笑话而已。只有那些巍巍荡荡、朴实自然、合乎人情、合乎人性、机智通达的语言，才会虽无意幽默，但却幽默自现。”

·8·

以情动人，攻破他人的内心防线

社会是由不同性格的人构成的多元集合，我们也经常会遇到这样一类人，他们或外表高冷而给人以距离感，或封闭忧郁而不愿与人交流，或离经叛道标新立异，或偏执自我惹人生气……总之，他们都“冷”得让人觉得难以深入接触，很少有人可以窥探他们的内心，似乎他们在心中构筑了一道常人难以翻越的城墙。然而，人非草木孰能无情，爱的需求是人的共性，在他们伪装的坚硬外表下，是一颗晶莹而脆弱的心，只要我们用真情去感化，任何坚冰都会融化。

南怀瑾大师强调要将心比心，以心换心，其实就是在说我们与人相处要有共情的能力，要学会理解他人，以真情换真情。大师曾经就《论语》中所讲的“吾少也贱，故多能鄙事”这样论述：我们看东西两方面的文化，人类的历史中凡是成大功、立大业、做大事的人，都是从艰苦中站立起来的人，而自艰苦中站出来的人，才懂得世故人情。所以对一个人的成就来说，有时候年轻时多吃一点苦头，多受一点委屈，是件好事。大师说的“人情世故”，其实讲的就是要懂得“以情动人”。人们在交往之初是带有一定防备心理的，动之以情，有助于打破其心理防线，更容易打动人。

以真情说服人

刘备去世时托孤给诸葛亮，让他辅佐刘禅，然而刘禅年少，不免贪玩，诸葛亮在出征之前特编写《出师表》，希望刘禅继承先帝遗德，广开言路，亲贤臣，远小人。《出师表》字字含情，真情流露，先感念“先帝不以臣卑鄙，猥自枉屈，三顾臣于草庐之中，咨臣以当世之事，由是感激”，表明自己“报先帝而忠陛下”的决心，后提出建议，最后“今当远离，临表涕零，不知所言”，一片忠心铭感天地。晋武帝征召李密为太子洗马，李密不愿应诏，却也没有明说，而是走情感路线，用一篇《陈情表》迂回地达到自己的目的。文章叙写了祖母的恩情，以及与祖母相依为命的深厚感情。对于朝廷的任命，李密首先表示感谢，“但以刘日薄西山，气息奄奄，人命危浅，朝不虑夕”，以祖母身体每况愈下，乞求晋武帝体谅自己的一片“乌鸟之情”，恩准他照料祖母的晚年生活，并表示必“生当陨首，死当结草”，铭记皇帝的恩德。百善孝为先，李密的请求合情合理，晋武帝不进而降罪，还对他大为褒奖，可见以真情说服别人效果更佳。

以真情引导人

有这样一个故事：一个“的姐”载一名青年男子到达指定地点后，

没想到对方却拿着刀子逼她给钱，她知道反抗对自己是没有好处的，于是装作害怕的样子交给歹徒二百块钱，说："今天挣得不多，要是不够的话，还有一点零钱也给你吧。"说着就拿着三十块钱给他。"的姐"如此爽快，歹徒反而怔住，不知所措了。"的姐"看他稍微有所放松，就开始跟他聊天，并主动提议说天色已晚，可以把他送到家里去，不然家人该等着急了。歹徒想"的姐"是个女的又不反抗，就同意了，并把刀收了起来。在途中，"的姐"又抓住时机启发他说："我家里原来也穷，咱也没什么文化，就跟人家学开车挣钱。挣得虽然不多，但至少自食其力，慢慢地日子过得也还可以。"男子沉默不语，"的姐"接着说："哎，男子汉四肢健全，干点啥都不会差，走上这条路一辈子就毁了。"等到歹徒快下车的时候，"的姐"又说："我的钱就算是帮助你的，用它干点正事，以后不要再做这样的事了。"一直沉默不语的歹徒这个时候突然哭了，把"的姐"给他的钱都还回去，说："大姐，我以后就算饿死也不干这样的事了。"故事中"的姐"没有与歹徒硬碰硬，或者表现出对他的敌意或防备，相反地，她非常真诚地希望他好好做人、好好生活，用真情感化了歹徒，拯救了一只迷途的羔羊。

在与人交往的过程中，唯有真情才可以打动人心。我们在尝试说服别人的时候，对方会很自然地产生防范心理，这是一种潜意识的自我保护，只有用真情感化和赢得别人的信任，才可以打破其心理防线，达到我们想要的效果。

·9·

一言可兴邦，亦可丧邦

开创了贞观之治的唐太宗曾发出这样的感："创业难，守成也不易。"可见，一国之君也不容易。国家的领导者因其地位的重要性，一言一行都会在国家内产生蝴蝶效应。南怀瑾大师对于治国之法，也给出了"一言可兴邦，亦可丧邦"的忠告。

"一言兴邦，一言丧邦"的思想最早源自于孔子。孔子认为如果臣下知道做国君的艰难，辅佐监督君主，那么君主的一句话就可以使国家兴旺；但如果臣子一味迎合君主，即使说的话不正确也没有人违抗，那么君主的一句话也可能使国家灭亡。孔子的这句话不仅表明国家领导者的话对事情发展的重要影响，也对领导提出了要求，不仅要注重自己的言行，做出表率，还要能够虚心纳谏。领导的决定很重要，下属的直言劝谏也很重要。

一言兴邦

中国近代有两位国家领导人改变了中国的命运。

秋收起义失败后，毛泽东根据当时的形势，毅然放弃了"左"倾冒险主义一再强调的进攻大城市计划，带领起义的残余部队进军井冈山，开始了中国革命重心的伟大转移，并找到了一条把武装斗争、土地革命和建立农村革命根据地三者密切结合起来的“工农武装割据”的道路。走农村包围城市道路被证明是中国革命走向胜利的唯一正确的道路。

在1978年的十一届三中全会上，邓小平做出改革开放的伟大决定，使中国迈入了改革开放新时期。面对计划经济还是市场经济的争论，他提出“不管黑猫白猫，抓到老鼠就是好猫”观点，极大地解放了中国人民发展经济的思想，使人们摆脱意识形态的禁锢，开始遵循市场规律办事。改革开放至今，人们的物质生活水平极大提高，精神生活需求得到极大满足，中国的整体经济实力和国际地位也得到极大提升。

两位伟人的论断改变了中国的命运，前者使中国人民站了起来，后者使中国人民富了起来，他们的功绩也将永远被后人铭记。

一言丧邦

有时候，领导人的一句话也会给国家带来灾难。

德国总理希特勒积极宣扬法西斯主义、极端民族主义、反共产主义、反资本主义、反犹主义，改组并建立国家社会主义工人党（即纳粹党）。他试图在欧陆建立以纳粹德国为首的新秩序，力主扩大日耳曼人的生存空间并重新武装德国。成为德意志第三帝国元首后，他积极扩军备战，并于1939年指挥德军入侵波兰，直接导致第二次世界大战的爆发。在战争期间，犹太人几乎遭到了灭顶之灾。这场非人道、非正义的战争使得德国众叛亲离、四面楚歌，并最终沦为战败国。

近代世界历史上最令人震惊的国家巨变莫过于苏联的解体，而当时导演苏联国内改革的戈尔巴乔夫也没想到盛极一时的社会主义共和国会葬送在自己手里。戈尔巴乔夫上台后，试图从根本上重建社会主义的价值观念和政治体制，彻底告别斯大林模式，于是不顾众人的反对，执意以新的人道的、民主的社会主义取代科学社会主义。长期以来苏联都是以马列主义为基本指导思想，他突然间主张“意识形态多样化”，苏联国内出现深刻的信仰危机，各种反动势力借机活跃，苏共就此失去意识形态的阵地。之后他的改革路线愈发激进，党内、军队的保守派终于无法忍受，发动了八一九政变，导致苏联解体。戈尔巴乔夫本来是想获得相对独立的权利，但改革过于激进，一意孤行，听不进任何人的劝告。他大概也想不到，作为社会主义中心的苏联会因为自己的改革而在一夜之间轰然解体。

以人为鉴，可以知得失；以史为鉴，可以知兴替。领导人是一个国家或组织的灵魂人物，他的每一句话都已经不是简单的个人的事，相反地，在很大程度上决定了事物发展的方向，因此需要深思熟虑，虚心听取多方建议，以免造成难以挽回的后果。“一言兴邦，一言丧邦”是对领导者的劝谏，其实，对普通人而言又何尝不是如此呢？多少人因为一句话而痛心遗憾？三思而言对每个人来说都是明智的处世之道。

Part 3

君子之交，淡泊如水

——南怀瑾谈交友哲学

遥遥晚空，点点星光，人们就好比天上的群星，彼此的光芒相互投射，距离太远则光亮微弱，距离太近则难免灼伤。君子相交要懂得把握距离的分寸，不以利择友，不将朋友和有血缘关系的兄弟同等视之，既懂得维持一段有益、互益的友谊，又明白如何在一段友谊中坚持自己、保存自我。任凭时光如何变迁，与真正的朋友之间的情感永不变更、永不褪色。

·1·

交友，追求质量而非数量

子曰：“可与共学，未可与适道。可与适道，未可与立。可与立，未可与权。”南怀瑾先生对此进行了解读：有些人可以同学，年轻做朋友蛮好，但没有办法同走一条道路，不一定能共赴事业；有些人可以共赴事业，但是没有办法共同建立一个东西，无法一起创业；有些人可以共同创业，但不能给他权力，无法和他共同权变。不是谁都可以做朋友的，同时，人在不同阶段对朋友的要求也有所不同。

孔子还提出了区分益友与损友的标准：“友直，友谅，友多闻，益矣；友便辟，友善柔，友便佞，损矣。”友正直者日益，友邪柔者日损。因为有利可图才与你结为朋友的人，也会因为有利可图而与你绝交。可见朋友在精而不在多，而且现在人们参加的聚会多了，反而经常会发出“狂欢是一群人的寂寞”这样的感慨。我们要多结交益友，提防损友。

交友，贵在择友

交朋友的好处，没有人不知道；交朋友的坏处，没有人不担心。交到一个好朋友，等于交了一场好运；交到一个坏朋友，比发生一起火灾还可怕。那么，如何才能结交好朋友，回避坏朋友呢？

孔子教给我们一个方法：“视其所以，观其所由，察其所安，人焉叟哉？”即审视他的目的是什么，观察他用什么方法实现目的，考察他的兴趣爱好是什么。用这种方法识人，别人的缺点哪里还能隐藏呢？古人说：“君子先择而后交，小人先交而后择，故君子寡尤，小人多怨。”意思是说，聪明人先选准人再交朋友，不聪明的人先交朋友再选择人。所以聪明人很少遇到交朋友带来的麻烦，而不聪明的人则经常受其所累。

那么如何识别某个人是否可交呢？南怀瑾大师指出三种交朋友常犯的错误：一是“挟长”，即以己之长，较彼之短；二是“挟贵”，即因为自己地位或身份较高就把人看低一等；三者“挟兄弟而友”，即对朋友像自家兄弟一样，超过了朋友的界限，真正的朋友应该做到“久而敬之”。南怀瑾大师认为“友也者，友其德也”，即交朋友是被其道德吸引，而不能是出于功利性的目的。大师常说，交友应该是有选择、有底线、有标准的，朋友不可不交，亦不可滥交。交友不能“饥不择食”，而应“择优录取”。那如何择友呢？大师说要有所辨识、有所考量、有所选择，择其善而交之，择其不善而避之。古人说“近朱者赤，近墨者黑”，朋友仿佛就是自己的影子，交友贵在择友，择友贵在慎交，人一生能交一诤友，受益无穷。

真正的朋友应该是有共同的价值取向、可以相互促进、给自己带来积极影响的人，而且彼此之间的友谊能够经得住考验。

挚友，善始善终

朋友不在多，一旦选定是值得深交的朋友，就应该善始善终，保持初心。友谊是需要维持的，真正的朋友应该互相尊重，时刻让对方感受到自己的理解和支持。南怀瑾大师也认为朋友之间的“久而敬之”非常重要，认为朋友之间是以相互尊重为前提的，只有久而敬之，友谊才能天长地久。

“友谊需要忠诚去播种，热情去灌溉，原则去培养，谅解去护理。”这句话出自伟大的革命导师马克思，同时也是对他与战友恩格斯之间友谊的概括。他们二人于1844年在巴黎结识，一起为共产主义理想而奋斗，在为共同目标斗争的过程中建立了真诚而无私的友谊，这份友谊在接下来的四十年中有增无减。他们精诚合作，亲密无间，而且在重大问题上保持高度一致。恩格斯本无意于经济，但为了资助马克思的研究和他全家的生活，还是违背自己的意愿去做生意。马克思说：“我们之间存在的友谊是何等珍贵！”恩格斯说：“马克思是和我相交四十年最好、最亲密的朋友，他给我的教益是无法用语言表达的。”在马克思阖然长逝之后，恩格斯依然遵守自己对他的承诺，整理他的手稿并出版，并一如既往地照顾他的家人。他们之间的友谊坚不可摧，永不褪色，得一友如此，夫复何求?

孔子非常推崇晏子的交友之道，他从不滥交朋友，但凡是交了一个朋友，都会善始善终，“久而敬之”，越是深交越是恭敬有礼，所以晏子的朋友大都情深义重，甚至有人愿为他付出生命。北郭骚就是其中之一。

名士北郭骚家境贫苦，却以孝顺著称。一日，他慕名找到晏子，希望晏子能资助他一些粮食。晏子久闻其名，觉得他人品很好，于是热情地接待了他，还送他很多粮食和金钱。北郭骚只收下了粮食，并没有要金钱，自此二人成为好友。不久后，晏子被齐景公猜忌，逃亡他国。晏子走后，北郭骚对朋友说："我仰慕晏子道义，与之相交。如今晏子被无端猜忌，我将用生命为他洗清冤屈。"北郭骚随即前往王宫拜见景公近臣。在王宫里，北郭骚慷慨激昂地说："晏婴是名闻天下的贤相，因他在，其他国家畏惧而不敢侵犯。若他出亡，齐国必遭侵犯。我不想看见国家生灵涂炭，我愿用我的生命为晏子洗清冤屈。"说完，便自刎身亡。景公见状非常后悔，亲自驾车去边境追回了晏子。

"山不在高，有仙则名；水不在深，有龙则灵"，同理，朋友不在多，重在质量。孔子说："君子安其身而后动，易其心而后语，定其交而后求。君子修此三者，故全也。""全"的意思是做事、交朋友要能自始而终，这很难。慎终不如慎始，想要交到知己好友，从一开始择友就要谨慎，不要贪图数量上多，而是要注重质量上精，这是交友之道，也是处世之道。

·2·

君子相交，在于仗义和真诚

中国有句古话：“君子之交淡如水，小人之交甘若醴。”南怀瑾大师在谈论朋友交情的时候，也曾就此发表过自己的看法。他根据自己人生几十年的经验，更认同古人的这两句话：“仗义每从屠狗辈，负心多是读书人。”“屠狗辈”就是杀猪杀狗的，泛指没读过什么书的人。社会上真正能够帮助别人，同情、可怜他人的是穷人，穷人才会同情穷人，痛苦的人才会同情痛苦的人。知识分子学问多，理论依据也多，不愿意做的时候，他会刻意加以解释；知识少的人不会解释，而是会付诸行动，因为他们的思想不复杂。学问越高，思想越复杂，学问高而单纯专一的人，那是天下第一人，由高明而归于平凡。

南怀瑾大师的深意，就是要说明坦荡荡的君子之交，其实不在于天天来往，而在于交往之心是否真诚、是否如“屠狗辈”一样带着仗义。

形式上的距离，内心中的关爱

谈到君子之交，管仲与鲍叔牙的管鲍之交可谓千古美谈。

管仲与鲍叔牙都是知识分子，但是他们之间没有嫉妒，没有恩怨。二人合伙做生意，穷困潦倒的管仲在分利时总是会多拿一些，但是鲍叔牙从来都不计较，大方地让管仲多拿以解决自己的生计难题。之后管仲当上了一国宰相，临终之际，齐桓公请求他推荐最适合接任其宰相职位的人选。世人都推测他会推荐鲍叔牙，可是管仲却说，鲍叔牙不可以当宰相，因为他的个性太方正，太追求完美，胸襟无法包罗万象，不能当宰相。齐桓公听从了管仲的建议，没有找鲍叔牙当宰相，而是另寻他人。

在形式上，管仲着实摆了鲍叔牙一道，一人之下万人之上的宰相之位，就因为管仲临死前的一段话而拱手让人。然而，管鲍之交深厚的关键在于二人发自内心的关爱。在世人都替鲍叔牙打抱不平的时候，鲍叔牙却十分感激，并感叹“知我者，管仲也”。实际上管仲是在保护他，宰相肚里要能撑船，而鲍叔牙个性太方，心胸太窄，坐上宰相的位子只会使自己陷入困境。管仲为了保全鲍叔牙而反对他当宰相，也只有鲍叔牙懂得管仲的真正目的。他们两人之间永远没有嫉妒的心理，形式上的距离，其实是发自内心的关爱。

身边的朋友中，那种“刀子嘴豆腐心”的其实是很可贵的。这种朋友会跟你有适当的良性距离，因为他们的“刀子嘴”随时会让你感受到“良药苦口”，距离自然不会过分亲昵。可是这样的朋友，其实正是你的贵人，他们的一两句提醒，正是你得意忘形或放浪形骸时的清醒剂，有这样的朋友在，你会获益匪浅。

朋友间的距离能看透人心

南怀瑾大师对于非君子之交也有自己的观点。他说势利之交，古人有一特称，叫作“市道”之交。市道，指商场上的生意买卖，只看是否有利可图而已。战国时，赵国的名将廉颇便有过“一贵一贱，交情乃见”的历史经验。如《史记》所载：

“廉颇之免长平归也，失势之时，故客尽去。及复用为将，客又复至。廉颇曰：‘客退矣！’客曰：‘吁！君何见之晚也？夫天下以市道交，君有势，我则从君，君无势则去，此固其理也，有何怨乎？’”

廉颇平常豢养的宾客们的对话说得非常到位。天下人与廉大将军的交往，本来就都为利害关系而来。你有权势，而且也养得起我们，我们就都来追随你；你失势了，我们当然就离你而去了。世道如此，“君何见之晚也”，到现在才知道，未免太迟了！

廉颇的例子告诉我们一个很现实的道理：适度的距离是君子之交的前提。你能说他的宾客们有错么？其实他们也没错，权势加身者，自然会迎来成群的追随者，一旦失去权势，他们就会离开。如果能明白这种距离变化的原因，对于人与人交情的认知可能就会变得更加豁达一些。

南怀瑾大师在论述这个观点的时候，还曾举过一个自己身边的例子。他的一个湖南朋友因事牵连坐了牢。三个月后刑满释放，大师问朋友有何感想，朋友赋诗一首以作回复：“世态人情薄似纱——真不差，自己跌倒自己爬——莫靠拉。交了许多好朋友——烟酒茶，一旦有事去找他——不在家。”

所以说，君子之交，形式上保持一定的距离，不用刻意在乎那些外在的亲密和友爱，有些东西做得越刻意，其内涵越浅显。人生在世，不求朋友成群，只求三五挚友，能做到“招之即来，挥之即去”，也就是最大的福气了。

·3·

以利交友者，利尽而散

俗谚有言：“以利相交，利尽则散；以势相交，势去则倾；以权相交，权失则弃；以情相交，情逝人伤；唯以心相交，淡泊明志，友不失矣”，此言道破了交友的真谛。其中摆在交友禁忌第一位的就是“以利交友”，就是在交朋友的时候按他人的钱财多少来定夺是否与对方建立交往关系。需要注意的是，人不能唯利是图，因为爱慕虚荣而交利益之友，也不能将此等唯利是图的小人纳入自己的朋友范围中。

不以利交友，不以财评人

南怀瑾大师在讨论交友问题的时候引用了《孟子·万章》中万章与孟子二人的问答。万章问曰：“敢问友。”孟子曰：“不挟长，不挟贵，不挟兄弟而友；友也者，友其德也，不可以有挟也。”这里所说的“不挟贵”和“不以利交友”的意思是相近的，就是因自己有钱、有地位而在交友的时候总是看不起别人，这并非交友之道。

印象派大师毕加索有一段广为人知的交友故事。

毕加索的的理发师叫作阿里亚斯，1909年出生在距离西班牙马德里不远的布伊特拉戈村，在弗朗哥专制时期他逃到法国瓦洛里，靠理发为生。

在那里，他与毕加索交上了朋友。

阿里亚斯和毕加索可以说得上是一对“忘年交”，他比毕加索整整小二十八岁，然而他们俩却志趣相投，无话不谈。作为毕加索家里的常客，阿里亚斯经常在毕加索的画室里给他剪头发、刮胡子，所有这些都是在极其融洽的气氛中进行的，两人总有说不完的话。一天，毕加索发现阿里亚斯徒步而来，就送给他一辆小轿车。

阿里亚斯是毕加索名誉的坚定捍卫者。他在自己的回忆录里面说，毕加索来店里理发，其他顾客都起身对他说：“大师，您先理。”但毕加索从来不愿享受这种特殊待遇。

有人说阿里亚斯和毕加索的友谊是因为悬殊的社会地位，阿里亚斯是贪图毕加索的名气，并且一直在占画家的小便宜。

听到这种谣言，阿里亚斯从来都不反驳，但是在毕加索去世之后，他却用自己的实际行动证明着他们的友谊。阿里亚斯说，毕加索一共送给他五十多幅作品，其中包括一幅妻子雅克琳的肖像画。理发师将这些画都捐给了西班牙政府，并在家乡布伊特拉戈建了一个博物馆。博物馆中还陈列了一个放理发工具的盒子，上面有毕加索烙的一幅《斗牛图》和“赠给我的朋友阿里亚斯”的亲笔题词。一位日本收藏家曾想购买这个盒子，他给了阿里亚斯一张空白银行支票，说数目他随便填。可收藏家没想到，他竟遭到了理发师的拒绝。阿里亚斯说：“不论你用多少钱，都无法买走我对毕加索的友情和尊敬。”

杜绝贪利之友

南怀瑾大师在谈到友与利的关系时引用了孔子的两则名言。子曰：

“士志于道，而耻恶衣恶食者，未足与议也。”子曰：“可与共学，未可与适道；可与适道，未可与立；可与立，未可与权。”也就是说，如果一个人的意志会被物质环境引诱、转移的话，那么或许可以与他一同学习，却无法与他谈道，更不能将权力交给他。

南怀瑾大师道破了以利交友的弊端：与唯利是图的小人交朋友，怎么知道他会不会为了更大的利益出卖你呢？对于利己主义者来说利益永远是排在第一位的，面对利益的诱惑，友情微小如草芥。这个道理，汉朝末期的管宁可谓是理解得最为透彻。他和华歆是同学，有一天他们一起在园中劳作，突然发现菜地上有块金子。管宁看到金子之后面不改色，依旧挥锄，把金子视作普通的瓦石一样；华歆则十分高兴地把金子捡起来，放在手上把玩，久久不忍丢弃。又有一次，二人同席读书，有华车经过门前，管宁心无旁骛而专心念书，华歆却急急忙忙丢下书，出去观望华车。见此状，管宁将二人读书的席子割开，与华歆分席而坐，并宣布华歆不再是自己的朋友。管宁之所以要与华歆割席而坐，从此一刀两断，就是认清了华歆唯利是图的嘴脸，正直的他不想与这样的朋友继续交往下去。好利者可能在很长时间内都会是一个合格的朋友，但他早晚都会露出丑陋的嘴脸，早些与这种人结束友谊，才是杜绝后患的明智之举。

“以利交友者，利尽而散”，在交友时不应选择富贵之友而趋炎附势，须知此等小人角色对富贵者来说也是无足轻重的；另外还需注意，不要结交趋炎附势的小人甚至引为知己，要充分认识小人的真实面目，万一哪天钱财散尽，也不至于为“树倒猢狲散”的世事而伤感不已。

·4·
识人是交友的第一步

交友是人生的一个重要的环节。俗话说，朋友是另一个自己，在与对方交心之前，认清对方的真面目是极为重要的一步。正所谓知人知面不知心，如果不懂得识人而在择友上犯了错误，那可能会造成终生的悔悟。

南怀瑾大师曾引用孔子的一句话教会弟子识人："君子坦荡荡，小人长戚戚。"意思是说，君子心胸开阔，思想上坦率洁净，外貌动作也显得十分舒畅安定；小人心里欲念太多，心理负担很重，就常忧虑、担心，外貌、动作也显得忐忑不安，常是坐不定、站不稳的样子。阅人要广，相处坦荡，识人谨慎，是做人的基本原则。一旦交上小人，进入小人的圈里，你将终生不得安宁。

识人，酒肉朋友抑或同道中人

人们常认为好朋友可以一起创事业，但往往后来都变成冤家对头。南怀瑾大师将朋友关系和婚姻关系放到一起进行对比论述，因为朋友的选择和婚姻的选择一样，一旦做出选择，就可能事关一辈子，毕竟友情和婚姻在确定了之后就是长时间的人生命题。因此在交友之初，认清友情的本质是极其重要的事情。朋友有很多种类型，比如单纯吃喝玩乐的酒肉朋友，可以共欢笑，但谈不上深交；掏心掏肺的知心至交；可以共谋未来的同道中人。在确定一段友情的同时就应将其定性，而确定其性质的前提当然也是正确认识对方到底是什么样的人。

比如说，荆轲在挑选朋友的时候就很有眼光。虽然他在被燕太子丹召见之前一直混迹市肆无所事事，天天和屠夫高渐离相和高歌，但那时他就认定高渐离不是一个普通的屠夫。果不其然，在荆轲刺杀秦王失败被杀之后，高渐离以击筑为由接近嬴政，即便被刺瞎双眼，还是尝试了两次刺杀，甚至想出了在自己的筑中灌满铅扔向秦王的法子。虽然他最终没有完成荆轲的未竟之志，但是他和荆轲的故事向我们传达了志同道合的朋友灵魂相契的可贵与感人。人生短暂，在人的一生中共欢乐的酒肉朋友毕竟还是占了大多数，但是能够结交一两个这样志同道合的友人也不枉在人世走一趟。俗谚有言："为友舍命，人间大爱莫过于斯。"如果一个人结交的都是趋名逐利、见利忘义的小人，举目四望无一人同志同道，那是怎样地悲哀！

所以说，在挑选朋友的时候，就需要深刻思考二人的交往方式和性质。如果确定二人只是酒肉朋友，那么尽可一同吃喝玩乐，只是事业上的事情不可与之同谋；如果确定对方是茫茫人海中为数不多的知己或者同道中人，那么就应该将真心托付给对方，在事业上也可与之同谋，即便对方忠言逆耳，也不可轻易废弃这段友谊。

识人，知面知心

我们常以"衣冠禽兽"或"金玉其外，败絮其中"来形容表里不一的人，一个衣冠楚楚、举止优雅的人，也可能在笑脸背后藏着一把锋利的刀，藏着不良居心。这些利己主义者在友人顺风顺水的时候极尽阿谀奉承之能事，而友人一旦遭遇不幸，他们就摇身一变成为煽风点火甚至落井下石的小人。如果在交友的时候只看到对方的“面”，仅以衣着外貌取人，没有正确认识对方，就将自己的真心掏出，结果却被戳得千疮百孔，这时候又能怪谁呢？只能怪自己识人不慎。

《红楼梦》中，王熙凤是有名的嘴上抹着蜜、脸上堆着笑、心里却藏着刀的人物，得知丈夫贾琏先斩后奏偷偷娶了尤二姐为妾，她焉能轻易放过此事？而尤二姐看到她衣衫楚楚来迎接自己回贾府，一举一动皆符合礼度，开口闭口不离“妹妹”二字，便以为王熙凤是一个极纯良的人。哪知王熙凤回到贾府之后就开始向贾母哭诉贾琏如何冷待她，尤二姐又是如何仗势欺人，使得尤二姐在荣国府上下逐渐失去人心。在王熙凤一手营建的冷酷的高墙之下，尤二姐逐渐陷入绝望，最终选择了吞金自杀的悲惨结局。如果当时尤二姐稍微留点心，向贾府的仆役打听一下王熙凤的为人，或者找贾琏商量一下迁入贾府的事情，也不至于被王熙凤欺骗而最终落得如此悲凉的结局。初见王熙凤的时候，她只看到了她的温柔得体、大度宽容，却没有看清楚她藏在怀里的刀。

尤二姐的故事可谓是一个提醒，识人的时候不留心，很可能最终害了自己；挑选朋友如同挑选书籍一样，不能光被封面吸引，而要仔仔细细地阅读书中的内容，识别其是精华还是糟粕。

·5·
最珍贵的友谊往往就在身边

每个人都渴望一段珍贵的友谊，渴望与另一个灵魂相知相交。最珍贵的友谊往往不在天涯海角，不在蓬莱彼岸，而在身边，来自最长时间的陪伴。

唯有身边的友人才能接受完整的你

南怀瑾大师在阐释孔子所说的朋友的道义时曾指出，真正的朋友的道义，是彼此规过劝善，不是专说好话。朋友之间有“通财之义”，“患难相扶持”，不是富贵相扶持。其中“通财之义”最难做到。“仁义不交财，交财不仁义。”子曰：“益者三友，损者三友。友直，友谅，友多闻，益矣。友便辟，友善柔，友便佞，损矣。”南大师说，世间每个人都需要朋友，朋友有益友与损友之分。虽然孔子在这里主要对身边朋友的好坏做出区分，但是也从侧面指出了身边的朋友中极有可能隐藏极其珍贵的友情。

正所谓“人无完人”，每个人都有自己的优缺点。孔子所说的良友，就是能够接受你的缺点，并且时常就此提出规劝的人。每个人都是带刺的玫瑰，有的人被芳香吸引，然而一经玫瑰的刺扎手之后便退避三舍；而有些人既欣赏玫瑰的芳香，又清楚地看到了玫瑰的刺，并且能够容忍刺的存在。

陪伴是最长情的友爱

在生活中，长久的陪伴最为难得。像钟子期和俞伯牙一样的高山流水之交可望而不可求，也不符合实际。长时间的陪伴体现的是二人的磨合，也体现了一种就连时间也无法抹除的深厚情感，这种情感是人生宝贵的财富。

在林徽因的一生中，她开朗活泼的性格让她结交了很多友人，其中也不乏深交。她去世之后，身前好友之一的金岳霖有一天忽然召集所有老友汇聚一堂，当大家不明就里地赶赴宴会的时候，金岳霖才向大家道出原委：原来今日是林徽因的生日。林徽因生前受众人追捧，可谓受到友情的滋润，可是只有金岳霖，在她去世多年，连她的丈夫梁思成都另娶之后还记得为她庆祝生日，这样的长情陪伴背后是多么浓厚的爱啊！更不必提在林徽因与丈夫在战乱中辗转搬迁、流浪各地的时候，金岳霖始终住在林徽因附近，一旦有什么事情都及时予以照应。有人将金岳霖对林徽因的情感理解为爱情，但在笔者看来，这更像是老友的长情陪伴，而没有爱欲的成分。

人总是倾向于追求更高、更远、更虚无缥缈的东西，而忽略身边的风景。高山流水的知音之交就像天边的彩虹，一旦出现会让人惊叹不已，然而这样的友情实在是可遇不可求，在平凡的日常生活中，日升日落虽然普通得经常被人忽略，却也是美丽的风景。其实将友情泛化而言至感情，最珍贵的感情又何尝不是自你出生开始就伴随你左右的父母之爱以及伴侣之爱呢？遗憾的是，一个人一旦浸润在这种感情中太长时间，就容易对其熟视无睹。无论是孔子还是南怀瑾大师，其实都在提醒我们友情关系的建立是一件不容易的事情，而良友更为难得。我们要始终以一颗感恩的心去发现隐藏在身边的、最为珍贵的友情。

·6·

人之相识贵在知心，道不同不相为谋

人在一生中会遇到很多人，建立起不同深度和不同性质的友谊。在这些或真或假的友情关系中，有可靠的事业伙伴，有一起吃喝玩乐的酒肉朋友，有只有一面之缘的点头之交，有携手同行的患难之交，但是最宝贵的朋友，还是能够肝胆相照的知己。

人生唯知己难求

南怀瑾大师在讲述交友之道的时候指出，人生难得全始全终的知己。想找普通的朋友并非难事，吃一次饭，喝一顿酒，讲几句话，也许就成了朋友，再复杂一些可能就是曾经共事，或者因为奇妙的缘分而相遇，或者帮过一两次忙，这些都能造就一段友情。但是人生最难得的是知己，也就是能够掏出真心、相互之间能取得很深的理解和认同的知己好友。李叔同在词中写道："天之涯，地之角，知交半零落"，如果零落的不是知交，那也不至于悲伤至此，正因为知己难得，所以才会在分别时倍感伤怀，才会希望二人能够"千里共明月"，能够"海内存知己，天涯若比邻"。

南怀瑾大师指出："交朋友之道，要'易其心而后语'，要彼此知心。但是知心很难，《昔时贤文》说：'相识满天下，知心有几人？'所以古人说：'人生得一知己，死而无憾！'我们也可以说，世界上没有一个人能真有一个知己的，尽管我们都有家人，但夫妇为夫妇，不一定是知己；兄弟是兄弟，父母是父母，也不一定是知己。所以知己只有友道，友道就是社会之道，有人把五伦之外加一伦，那是不通的。朋友一伦就是社会，过去家庭一伦也是社会。我们中国文化标榜的知心朋友，从古到今只有一对，就是管仲与鲍叔牙两个人。以后的历史虽不敢说没有，但的确很少。如果大家懂得他们两人全始全终的历史，就可以知道知心不容易了。所以孔子在这里提到'易其心而后语'，这个'易'是交易的易，不是容易的易。'易其心'是彼此换了心，就像古人一首非常有感情的词：'换我心，为你心，始知相忆深'。"南怀瑾大师的话十分在理，管仲和鲍叔牙分别辅佐公子纠和公子小白，二人一直惺惺相惜，后来公子小白成功登上国君的位置，鲍叔牙向他极力推荐管仲，说服他给予管仲高位，在管仲和鲍叔牙的齐心辅佐下，齐桓公终成一代霸主。如果管仲和鲍叔牙不是交心的知己，那么鲍叔牙很可能像李斯对待韩非子、庞涓对待孙膑一样无所不用其极地加以排挤和打压，甚至图谋加以陷害。朋友在利益的争夺面前可能会反目成仇，但是知己之间的感情是不因为时间、利益和空间距离等而有任何的改变，能得到这样的友情是多么幸运的事情啊！

知心，交心，易心

南怀瑾大师用“换我心，为你心，始知相忆深”来说明什么叫作“易其心”，也就是朋友之间要能交心，才算知心。大家可以想一想，可以谈知心话的朋友有多少？按照孔子的看法，要能“易其心”，才能讲朋友之道。南怀瑾大师提出，“定其交而后求”，我们在社会上交朋友，人与人之间要“定其交”，要有交情。我们常把朋友分类：一种是一般的朋友，能够在一起吃喝玩耍；一种是政治上的朋友，就是有利害关系；另有一种是经济上的朋友，所谓“通财之谊”，指的是朋友间能互通钱财，能做到通财之谊就很不错了；最难得的是道义之交，那就更难了。我们一生能否交到一个没有一点利害关系的朋友？包括政治、经济、普通等一切的朋友在内，能够全始全终的有几个？如果有，这个就是可以相交的朋友。朋友的交情能够“定其交”，才可对他有所要求。全始全终的朋友已是稀有，那么能够两心相照的朋友又有几人？

所谓的道义之交，就是建立在金钱利益之外的交情，这最难能可贵。比如，俞伯牙和钟子期因为一曲高山流水而许以为知音，钟子期去世之后俞伯牙不再抚琴，因为他认为世上再没人能懂他的音乐。这个故事的感人之处就在于，俞伯牙的琴声实际上是他的心声，钟子期听出了抚琴者琴声背后的遥遥遐想和万般心绪，而在钟子期死后，世上无人再懂俞伯牙的音乐，更无人再懂俞伯牙的心声，他把自己的琴摔断其实就是从此关闭了自己的心门，他的心已经和钟子期做了交换，再也没有人值得他为之弹奏。钟子期和俞伯牙的故事与其说反映了人生的孤独，不如说反映了知己的珍贵。知己难得，一旦失去就不可再得，这是人生的幸运还是不幸呢？

从相识到建立稳定的关系，普通意义上的友情一般都沿着稳定的轨迹，情谊到了一定程度之后就不增不减，两人只向对方展示自己的一部分真心，或者只以虚情假意相待。人生真正难得的是用真心来换真心的知己，真正能寄以百分之百的信任的知音。

·7·
拒绝，也是朋友相处之道

人类是群体性动物，一生都需要与人打交道，往来应拒的事情也时有发生。朋友之间有事相托相求很常见，但有些往往超出了原则范围，超出了你的客观能力或违背了你的客观意愿。

面对这种让人为难的朋友交往局面，南怀瑾先生让我们仔细品读这番话："或曰：'以德报怨，何如？'子曰：'何以报德？以直报怨，以德报德。'"

南怀瑾先生还借用"微生借醋"的典故来让我们明白"以直报怨"的交友之道。故事里，有人跟微生借醋，微生自己没有醋，就向邻居借来给朋友。对于微生的做法，孔子很不认同，认为有则借之，无则不妨辞之。微生的举动难免有曲意示恩的嫌疑，说明他不够正直。孔子认为，人应该学会拒绝朋友。

现实生活中，面对朋友的殷切期望和请求，有时候我们只能以拒绝来面对，拒绝有时也不失为朋友间的一种相处之道。

婉拒，将伤害程度降到最低

对一般的点头之交，如果对方提出自己能力之外或不和自己心意的请求，我们可以干脆地拒绝。然而当好朋友提出请求，你又无法满足对方时，难免会陷入左右为难的境地。面对朋友令你为难的请求，应该采取巧妙的“拒绝”方法。

富兰克林·罗斯福曾经在海军相关部门工作。他有一位私交甚笃的杂志社朋友，一次，这位杂志社的朋友向他打听有关美国潜艇基地的秘密。罗斯福微笑着问好友：“你保证保守秘密吗？”朋友以为已经成功说服了罗斯福，不假思索地承诺道：“能！”不料罗斯福听了朋友的保证，只说了三个字：“我也能。”面对朋友的请求，罗斯福没有一丝犹豫或推诿，没有让朋友抱有希望和幻想。对超出自己原则范围的事情他干脆地拒绝，态度却并不生硬，而是讲究策略。罗斯福通过巧妙的引导，幽默地与朋友“达成了”共识，从而拒绝了朋友不合理的请求。

南怀瑾大师说，君子处世要讲究策略，面对朋友让你为难的请求，可以耐心劝诫，说明利害关系；可以迂回婉转地处理，巧妙地通过其他方式帮助朋友；也可以言明现实情况，让朋友了解你的难处。

拒绝有时是一种美德

与朋友相处中，拒绝是一门最棘手的艺术。它经常被认为是一种不友好的行为，但其实有时候它恰恰是一种美德。适当而适时的拒绝能让朋友明白你的底线和原则，从而不轻易冒犯，保持彼此间的尊重。那些懂得在适当的时候拒绝的人，才能活得更洒脱，更有尊严。

一位名叫罗斯恰尔的犹太人在耶路撒冷开了一家酒吧，名为“芬克斯”。这家面积不足30平方米的酒吧在当地非常有名，每天顾客络绎不绝。罗斯恰尔有一位好朋友，是当地有名的广告商。

一日，罗斯恰尔接到朋友的电话，朋友用很委婉的口气和他商量说：“我有一位从美国远道而来的朋友，他身份很特殊，有个随从将和我们一同去你的酒吧。为了方便，你能暂停营业，谢绝其他客人吗？”罗斯恰尔礼貌得体地拒绝道：“我欢迎你们来，但很抱歉，我不能谢绝其他顾客。”朋友提到的身份特殊的贵客不是别人，正是美国时任国务卿基辛格。

原来基辛格当时出访中东，议程即将结束时有人向他强烈推荐“芬克斯”酒吧。广告商朋友在罗斯恰尔处“碰壁”后，基辛格亲自给罗斯恰尔打了电话，坦言道：“我是出访中东的美国国务卿，我非常希望你能再考虑一下我的要求。”罗斯恰尔礼貌而不亢不卑地说道：“国务卿先生，您愿意光临小店我深感荣幸，但是我无论如何也不能因为您的缘故而将其他客人拒之门外，这不符合我开店的宗旨。”

最终基辛格接受了罗斯恰尔的意见，他没有摆出阵势，带着十个随从去酒吧，而是在第二天傍晚时候与广告商朋友身着便装，非常低调惬意地来到酒吧。罗斯恰尔非常热情地接待了基辛格，亲自为他调制了几杯最拿手的鸡尾酒，其中凛冽甘醇的“长岛”最受基辛格喜欢。几杯鸡尾酒下肚，广告商拍着罗斯恰尔的肩膀笑着说：“你比基辛格国务卿更倔啊！”

这家开在陋巷的“芬克斯”酒吧很有格调，连续好几年被美国《新闻周刊》列入世界最佳酒吧的前十五名。罗斯恰尔面对好朋友的请求，面对基辛格那样位高权重的人物，仍选择坚持自己开门迎客的做生意原则。

拒绝是朋友相处的必修课，中国人崇尚中庸之道，在拒绝他人尤其是朋友时很容易在内心产生一些障碍，加之受当今社会从众心理的影响，很多人不善于拒绝朋友。不懂得拒绝的人，在生活中总是戴着“假面具”，活得很累，也容易迷失自我。为了摆脱事后自责而无力的情绪，适时的拒绝是最合适的。

·8·
益者三友，损者三友

南怀瑾大师常说，在这个世界上每个人都需要朋友，益友还是损友需要自己去仔细辨别。所谓的益友，就是能对个人成长起到积极作用的朋友，能在你遇到困难时伸出援手，自满之时口出真言，伤心难过时陪伴左右的朋友。所谓损友，则是任何事都只考虑到利益的朋友，遇到好事会主动跑来分一杯羹，遇到困难却第一时间跑掉，平时只会用虚伪的美言来维持友谊。

结交益友，你不仅可以获得珍贵的情谊，更可以开阔眼界、排忧解难。交友需要睿智的眼光，交友不慎，往往是快乐一时，烦扰一生。

益者三友亲而近

南怀瑾大师一直强调，真正对你好的朋友，第一种是肯对你直言真话的人；第二种是心胸宽广的人；第三种是知识渊博的人，这样的好友一定要多加亲近。

春秋时期的燕国人羊角哀和左伯桃都是非常有才华、有抱负的人，因为共同的理想成了好朋友。听说楚庄王是一个明君，于是二人决定到楚国寻找施展才能的机会，不料途中遇到暴风雪，陷于茫茫荒原。左伯桃不抵寒冷、饥饿，病倒了，羊角哀不肯放弃自己的朋友，誓言要死就死在一块。几天后，羊角哀也精疲力竭，好不容易才把左伯桃扶到一处悬崖的空洞里，暂避风雨。左伯桃眼看自己命不久矣，气若游丝地哀求羊角哀，希望他能放弃自己，一人前往楚国实现抱负。羊角哀说：“我不可能放弃你，我背也要把你背到楚国去。”左伯桃举起双手，搭在羊角哀的双肩上深情地说：“你的心意我领了，救民于水火之中是我俩的共同理想，不论这个理想是咱俩共同实现，还是你一个人去实现，都算达到目的了，你说是不是？”最后左伯桃说服了羊角哀，羊角哀独自前往楚国。羊角哀到楚国用自己的才华赢得了楚王的信任后，带人去找寻左伯桃的尸体，并施以厚葬。他痛哭而别，立志一定要实现他们共同的理想。

其实，有一位志趣相投的好友相伴，人生便增添了很多意义。人生道路漫长而曲折，成功的人生更是难以轻易实现，如果有一位益友引路人，那么人生便有了转折。善交益友，终身受益。

损者三友敬而远

南怀瑾大师特别指出不要与这三类损友交朋友：一是虚伪的人，他们利益至上、表里不一、口是心非，会误导你做出错误的判断；二是谄媚的人，他们浮于表面的奉承，心里却有自己的小算盘，用糖衣炮弹迷惑人心；三是夸夸其谈的人，他们只会吹牛却没有内涵，只会传播负能量。

孙膑、庞涓一同师从于鬼谷子学习兵法，庞涓心性浮躁，追求名利，还未学成就去魏国做官，并答应成名后一定会举荐孙膑。

庞涓到魏国后通过打通关系，顺利赢得了魏惠王的欢心，被封为将军。后来，庞涓领军在与宋国的战争中多次打胜仗，从此成为魏国上下皆知的大人物。庞涓春风得意，却陷入苦恼，原来他和孙膑同是鬼谷子的得意民生，又都擅长兵法，若是按照原来的约定，将孙膑推荐给魏惠王，孙膑没准哪天就会超越自己；反之，若是孙膑投靠到其他国家，施展才华，自己同样不是对手。庞涓寝食不安，日夜思谋着对策。

某日，仍在山中攻读兵书的孙膑收到庞涓的密信，信上说他已经履行诺言，向魏惠王推荐了孙膑，并极力夸赞孙膑的盖世才华，邀请孙膑出山来魏国任将军一职。孙膑看到信后，心中大喜，深感庞涓是重情重义之人，即刻下山赶往魏国。

孙膑到了魏国后，受到了庞涓的盛情款待，却一直也没有得到魏惠王的召见，庞涓也不提此事，孙膑便不好多问，只好耐心等待。一日，孙膑正闲来无事看书，突然闯进来一批士兵将他捆绑起来，扒去他的衣裤，砍了他的双脚，并在脸上刺上罪犯的标志。原来，庞涓嫉妒孙膑的才华，向魏惠王诬陷孙膑有私通齐国之罪，魏惠王大怒，下令对孙膑施以膑足、黥脸之刑。此时，孙膑才醒悟过来，原来自己遭到了所谓好友庞涓的陷害，却已无力辩解。

孙膑是一位不可多得的军事天才，却在知人识人方面有重大缺陷，对于这样的损友，丝毫不怀疑，结果铸成大错，几乎毁了自己的一生。孔子曾经做过一个比喻，说与好人交朋友，就像进到花房里，久而不闻其香，因为你全身都沾满了花香；与坏人交朋友，就像进到卖咸鱼的铺子，久而不闻其臭，因为你已满身都是腥臭味了。由此可见，朋友对自己潜移默化的影响之深。

·9·
宽容是人际交往的“润滑剂”

宽容是为人处事必备的美德之一。南怀瑾大师说过，宽容就是宽宏大度，能容人、容事、容言、容过、容得、容失，也能容己。正所谓“唯宽可以容人，唯厚可以载物”，待人接物如果缺少了宽容的气度，就会徒增很多烦恼。宽容是一种气度，也是衡量一个人素养的标准。

正如穆尼尔·纳素夫曾说：“一个宽容大量的人，他的爱心往往多于怨恨，他宽容、忍让、豁达，从不悲观、消沉、焦躁、恼怒。”心胸宽广的人往往具有海纳百川的心态，生活就像一面镜子，你对别人宽容，别人也会对你报以微笑。

宽以待人，利人利己

授人玫瑰，手留余香，这就是宽容。百川归海，方显海之博大；群鸟翔空，才知天之光袤。只有拥有一颗宽容的心，才能在生活中游刃有余。宽容是人与人交往的润滑剂，生活中难免会遇到一些磕磕绊绊，一时的狭隘只会无形中增加一块绊脚石，如果肯主动退让一步，则会为自己拓宽人生之路。

清朝康熙大学士张英的家人在修缮府邸时，因院墙位置与邻居发生了争执，家人不甘心就此退让，立刻修书给在京做官的张英，要求他让当地官府为家里人撑腰。张英收到家书，原来是邻居想外扩三尺院墙，与家人修缮府邸产生了冲突，双方由此发生了争执。

张英立即回信给家人：“千里送书只为墙，让他三尺又何妨。长城万里今尤在，不见当年秦始皇。”张英的家人收到信后，按照张英的意思主动让出了三尺地给邻居。邻居面对张英家人的举动感到很惭愧，也主动让出三尺地，著名的“六尺巷”由此得名。后来康熙帝知道此事，敕立牌坊以彰谦让之德，这个故事也成为宽容的美谈流传至今。

南怀瑾大师曾说："看别人不顺眼，其实是自己修养不够，地上种了菜，就不易长草；心中有善，就不易生恶。"我们应该用放大镜去看别人的优点，用缩小镜去看别人的缺点，严于律己，宽以待人。

齐桓公虽被管仲射伤过，但他却不计前嫌，仍然重用管仲，管仲也不负众望，协助他成为一代霸主。反观三国时期，吕布、董卓二人因为貂蝉闹得反目成仇，才使得王允的离间计得逞，还不是因为吕、董二人都是气量狭小、疑心极重的人？可见量宽者才能得人心，得天下。

宽容也要坚持原则

南怀瑾大师说过，人要有存有宽容之心，但是宽容要有限度，无底线的宽容只会让犯错误的人更加执迷不悟，这样的宽容就是变相的纵容。真正的宽容是要遵循一定的原则，也要讲究技巧。

在开往费城的一列火车上，一位女士走进一节车厢，坐在座位上。这时有一位先生走进来坐在了她前面的位子上，没过多久点燃了一根香烟，女士咳嗽了几声表示自己的不满，但是这位先生并没有注意到她的暗示。女士不耐烦地说道："你是外国人吧？肯定不知道这节车厢不让吸烟的！"这位先生并没有说什么，而是默默地掐灭了香烟。

没过多久，列车员进来巡视，看见女士坐在这里，便对女士说："这里是格兰特将军的私人车厢，请您离开。"女士非常吃惊，并对自己刚才的无礼感到惭愧，她有些害怕将军会责罚她。直到她离开车厢，将军一直表现出足够的胸襟和风度，没有为难她，而是暗中通知列车员进来巡视，礼貌地让女士离开，甚至主动起身绅士地为她开门。

将军用自己的宽容气度包容了女士的无礼，但是他并没有一味地纵容，而是让列车员去提醒女士的莽撞，用无言的胸襟来感化这位女士。

有一位业务员，外出时丢失了公款和公章。当他内疚地站在总经理面前，讲完所发生的事情后，总经理却笑着说没关系，以后多注意就好了。那位总经理没有暴跳如雷，却用宽容的态度处理了这件事，使业务员心怀感激。后来这位业务员销售业绩越来越好，成为公司举足轻重的人物，任凭其他公司用多么优厚的待遇聘请他，这位业务员都不为所动。

孔子的学生子贡曾问孔子："老师，有没有一个字，可以作为终身奉行的原则呢？"孔子说："那大概就是'恕'吧。""恕"，用今天的话来讲，就是宽容。

宽容是一种正能量，适度的宽容能让善于自省的人顿时悔过自新，产生奋发向上的力量。宽容也是一种精神和气魄，善于宽容和忍让的人，多为立志高远者。当我们受到别人无意的伤害时，要能够宽容别人的过错，不可冤冤相报，以牙还牙；在可能的情况下，还要以我们的宽容感化当事人，使其改过。对待家人、同学、朋友，不能斤斤计较，而要宽厚待人、与人为善。真正的宽容是人生难得的境界，一种需要操练、需要修行才能达到的境界。

·10·

“比而不周”绝非真朋友

子曰：“君子周而不比，小人比而不周”，“周”指的是用道义来团结别人，而“比”在甲骨文中是两个人并肩的样子，孔子用它来代表用利益拉帮结派的交友状态。品格高尚的君子用前一种方式交友，而品德卑劣的小人则通过后一种方式建立友谊关系。

不挟长，不挟贵，不挟兄弟而友

在解释《孟子·万章》中万章向孟子询问交友的方法这一则时，南怀瑾大师肯定了“不挟长”、“不挟贵”、“不挟兄弟而友”是最基本的交朋友之道。所谓“不挟贵”，指的是自己有地位或者有名气，在交友的时候就总是把别人看得比自己低一点，这不是交友之道；所谓“不挟兄弟而友”，说的是友道有一个限度，对朋友的要求不可如兄弟一样，换言之，不可过分要求。很多人总希望朋友事事帮助，不帮则心生怨恨，这也不是交友之道。而孔子所说的“比”的交友状态，与“挟贵”和“挟兄弟而友”两种心态差不多。南怀瑾大师指出：小人在交友的时候认为朋友应该完全答应自己的要求，因为对方的钱财、地位而去趋炎附势，或者不相熟就称兄道弟，结果过分亲密的关系反而成为负累，占便宜的企图也往往会落空。

民国初期，胡适（字适之）因为领导了轰轰烈烈的五四运动而获得了很高的社会名望。有一个文人在文章中写道“我的朋友胡适之”，以便和胡适攀上关系从而沾染他的名气，但是事实上胡适根本不认识这个人。后来真相大白天下，而“我的朋友胡适之”也被广泛引用，泛指那些讥评趋炎附势、往自己脸上贴金的人。南怀瑾大师认为“挟兄弟”也是不可取的。他说只有一面之缘的人，却口口声声说是自己的老朋友，这种生硬的拉进关系的方式叫作交浅言深，也是不好的作风。

唐朝有一名将领叫尉迟恭，他最初是刘武周的部下，后来与李世民打仗落败，见李世民体恤下士、懂得珍惜人才，于是归顺了他。后来发生了部分归顺者叛变的事情，李世民手下的将领们便将尉迟恭也关了起来。有人对李世民说，尉迟恭打仗很勇猛，这样勇猛的将领如果留下来，万一以后不忠心会后患无穷。李世民却对这样的言论不理不睬，他把尉迟恭从监狱里放出来，让他相信二人是以义气相许，其他人的看法不要放在心里。李世民还给尉迟恭黄金，告诉他如果他有要走的念头，这些黄金可当作路费。对此，尉迟恭感激涕零，此后战功赫赫。李世民之所以在隋末的多股势力中异军突起，最后帮助他的父亲夺得天下，就是因为他与身边的将士之间建立的不是拉帮结派的“比”的关系，他爱惜人才的德使得将士们为他效力，这就是孔子所讲的“周”的人际关系。

真正之友，友其德也

南怀瑾大师在解释孔子所说的“友也者，友其德也”的时候说，交朋友是为道义而交，不是为了地位而交，不是为了利用人而交，也不是为了拜把兄弟多，可以打天下。交朋友纯粹是道义之交，不可有挟带的条件。年轻人所说的“我们同学很多，将来可成为一帮”，其实就挟带了条件，已经不是真正的友道，而是利益化的利害结合。孔子说，朋友的道义是彼此规过劝善，不是专说好话，所谓“忠言逆耳”，忠言往往来自于身边的朋友，因此一段良好的友谊关系不会是完全顺心顺意的。朋友之间“周而不比”，不管其中一方身处富贵还是患难，都应该相互扶持。太平天国的洪秀全、杨秀清诸人就是很好的例证。洪秀全、杨秀清本是同时起义的患难之交，但是在谋得天下之后却因为权力的归属关系产生了争执，杨秀清企图通过耶和华之口降下神谕，逼迫洪秀全让位，而洪秀全在危急之下召回亲信歼灭东王诸人。“比”的友情关系最终导致分崩离析并不稀奇，因为最初就是为了利益而走到了一起，一旦他人妨碍了自己的利益，那么铲除异己、反目成仇就是必然的。因此，应该依据美德来选择朋友，“比”的友人关系尽可以弃之如敝屣。

一个人在建立友情关系之前，应该想好自己需要什么样的友情关系，想清楚这样一段关系最终会往哪个方向发展。如果是趋炎附势之徒因为爱慕虚荣而围绕在你周围，那么尽可以与之断绝关系；如果身边的朋友跟你保持若即若离的淡如水的关系，那么这种朋友不但不可以忽略，反而十分珍贵，因为他们懂得把握二者交往的分寸，懂得“周而不比”的交友之道。

Part 4

我们的性格即我们的自身

——南怀瑾谈性格哲学

江山易改，本性难移，每个人在成长的过程中都会感受到有一种似乎根深蒂固的、难以移除的类似于本性的东西在支配着自己的行为、影响着自己的选择。一个人能成为怎么样的人，很大程度上取决于他的性格；而性格的养成除了有先天的因素，还根植于家庭教育和自我管制。认清性格，把握自己，保持头脑的清醒和理性的觉悟，才能发挥自己的全部潜能，实现最极致的自我。

·1·

做有本事没脾气的人

南怀瑾大师有一位老朋友，虽然读书不多，却有着丰富的人生经验，他在一次与大师的交流中说道：“上等人，有本事没有脾气；中等人，有本事也有脾气；末等人，没有本事而脾气却大。”这就是做人的学问。

南怀瑾大师本身就是一个好脾气的文化人，常常在演讲的时候自嘲以调节气氛，他常说，只有那些既有学问又有品德的人，才是一流人才，这种人已经将自省变为习惯，遇到事往往会先从自身找寻原因，而不是只顾对人发脾气。

做有本事没脾气的人

有本事的人没脾气，并不意味着没有自己的判断，而是一种修养，坚持自己的底线，能屈能伸者才能成就大事。

真正的上等人，并不是说拥有多少财富，而是拥有一个好的心态，乐于接受别人的意见，同时会管理自己的情绪，不会强求改变别人，而是不断地去修炼自己的内心。

东汉名臣刘宽素以好脾气著称，被老百姓尊称为儒士。有一次刘宽乘坐牛车外出，恰巧遇到有人丢了牛，那个人说刘宽拉车的牛是他的。刘宽并没有辩解，而是下车自己走路回了家。

没过多久，丢牛的人找到刘宽将牛又还给了他，原来，他在回家的路上找到了自己丢失的那头牛。丢牛的人感到非常不好意思，向刘宽不停地磕头谢罪，恳请刘宽原谅他的污蔑。

刘宽只是笑了笑，说道："东西有类似的，做事情有失误是正常的。已经麻烦你送回来了，又有什么好谢罪的呢？"方圆百里的老百姓听闻此事，都非常敬佩刘宽宽宏大量的气度。

刘宽的性情如他的名字一般宽容温良，几乎从未发过脾气，即便遇到急事，也未见过他严声厉色，就连他的夫人也惊讶于他的好脾气，突发奇想地想去试探他一下。有一次，刘宽正要上朝，衣冠装束已收拾整齐，仆人奉夫人之命端了一碗肉羹给他，却故意将肉羹打翻弄脏了刘宽的朝服。本以为刘宽会勃然大怒，可他却关心仆人是否被肉羹烫伤了手，他宽宏大量的气度就此得名，天下的人闻风都尊称他为宽厚的长者。

古今中外都一样，有本事的人通常会很有个性。但是真正的大领袖，因为能容纳一切，所以看起来没有一点脾气。南怀瑾大师就是这样一个有本事没脾气的人，外表温文儒雅，宽以待人的做人态度让他有了包容三教九流的本事。

成功人士都有一个共通点，就是不会喜怒形于色，拥有好脾气。古人有云"宰相肚里能撑船"，就是说要想成就一番大事业，就必须拥有大气度，心胸宽阔如海。善于跟不同的人打交道，容人之短，用人所长，才能群策群力，从而得到成功。

与有本事没脾气的人交朋友

南怀瑾大师常教育学生要擦亮双眼，多与上等人交朋友，这样才能不断成长。唐人孟郊的《审交》诗云：“种树须择地，恶土变木根。结交若失人，中道生谤言。君子芳桂性，春荣冬更繁。小人槿花心，朝在夕不存。莫蹑冬冰坚，中有潜浪翻。唯当金石交，可以贤达论。”这首诗强调了交友的重要性，若与没本事有脾气的人结交，就如同花期短暂的槿花，早晨开放，晚上就会凋谢；而与有本事没脾气的人结交，则如同那陈年佳酿，就算天气寒冷，也盖不住香醇酒香。与有本事没脾气的人交往，自己也会成为一个上等人，会结交更多优秀的朋友。

南怀瑾大师说过，与有本事没脾气的人结交，在一定意义上就是在经营自己，是不断完善自己的过程。有这样一则寓言故事：有一个年轻人想戒烟，于是他找到医生表明了自己的诉求，医生听后，对症下药，开了一个方子递给他。年轻人一看，方子上只写了一句话：多去探望戒烟的朋友，早中晚各一次。医生并没有开任何药物给年轻人，只是告诉他要戒除烟瘾，没有任何药能比得上一个良友的作用大。

我们在选择朋友的时候，首先要看这个人的脾气秉性。没有本事只会夸夸其谈的人，很容易影响到你，使你也陷入无尽的消极抱怨中无法自拔；有一点小本事就要性子的人，容易让你也跟着骄傲自满起来；而那些有本事又有大海般胸襟的人，能带给你积极向上的影响。

在现实生活中，和谁在一起的确很重要，甚至能改变你的成长轨迹，决定你的人生成败。和什么样的人在一起，就会有什么样的人生。和勤奋的人在一起，你不会懒惰；和积极的人在一起，你不会消沉；与智者同行，你会不同凡响；与高人为伍，你能登上巅峰。

有人说，人生有三大幸运：上学时遇到一位上等老师，生活中交到一个上等朋友，成家时遇到一个上等伴侣。如果你想像雄鹰一样翱翔天空，那你就要和群鹰一起飞翔，而不要与燕雀为伍；如果你想像野狼一样驰骋大地，那你就要和狼群一起奔跑，而不能与鹿羊同行。如果你想变得优秀，就要与有本事没脾气的上等人相交，这样才会变得出类拔萃。

·2·
性格是人生修养的镜子

性格决定命运，可见性格的重要性。通常人们都认为性格是天生的，是无法改变的。南怀瑾大师认为，从人的性格中可以看出一个人的修养，虽然人的性格有部分是先天注定的，但是良好的修养却可以逐步完善人的性格。

南怀瑾大师还强调，人所处的环境往往主导着人性格的形成，也决定着一个人的修养和品味，正如“孟母三迁”中，孟轲的母亲为了选择良好的成长环境，煞费苦心地两迁三地，可见完善的性格和良好的修养是需要从小培养的。

性格决定和制约着人的修养

人的性格千差万别：有的温和，有的暴躁；有的强势，有的懦弱；有的开朗，有的内向；有的果断，有的迟疑。都说“江山易改，本性难移”，这里说的本性就是指人的性格。

南怀瑾大师认为，一个人的性格就如同内功一般，外在的各种行为都是靠内力支撑，而外在的行为就是一个人修养的体现。人生的圆满需要好的性格，好性格造就好的修养，拥有好性格的人会下意识地约束自己的行为，控制自己的欲望，实现身心和谐发展。

从前有三个兄弟跋山涉水地找到智者，想要获知自己未来的命运如何，智者听了他们的来意后说：“在遥远的天竺大国寺里，有一颗价值连城的夜明珠，如果叫你们去取，你们会怎么做呢？”

大哥首先说：“在我眼里，夜明珠只是一颗普通的珠子，所以我不会去取。”

二哥紧接着说道：“我不怕困难和阻力，我一定会把夜明珠拿回来的！”

三弟却愁眉苦脸地说：“天竺位置险要，路途遥远，我担心半路上会遇到生命危险啊。”

他们说完，智者微笑着说：“你们的性格决定了你们的行为，也决定了你们的命运。老大生性淡泊，不求名利，自然不会将荣华富贵放在心上，这样的心性会得到很多人的帮助和照顾；老二性格坚定果断，意志刚强，不惧困难，你将前途无量，必成大器；老三性格懦弱胆怯，遇事犹豫不决，恐怕这辈子只会是碌碌无为。”

智者所言与南怀瑾大师的理论不谋而合，人的性格在很大程度上决定和影响着一个人的成长，性格如同一粒种子，而人的做人做事修养则是果实，正所谓“积行成习，积习成性，积性成命”，不同的性格决定了不同的命运。

屈原敢于直谏的性格让他成为位居重位的辅政大臣，然而他的孤傲与执拗的性格却让他高处不胜寒。屈原具有典型的浪漫主义诗人气质，他那标新立异的穿着打扮，无不体现出他的与众不同。而他自负又悲观的性格所养成的傲气修养，不允许他独活，最后导致了自杀的悲剧。这就是性格决定命运。

修养影响和改变人的性格

虽然性格有一部分来源于遗传，但是南怀瑾大师也强调，性格离不开后天的塑造，外界优质因素以及身边榜样的积极影响，会促使人不断提升内在的修养，而优秀的修养有助于完善自身的性格。修养是对内心思想和行为改造后表现出的一种状态，这种状态是一种无形的力量，约束着我们的行为，古人所说的“修身养性”就是这个意思。

晋朝有一个叫周处的人，年轻时力大过人，但是早年丧父，缺乏管教，常常与人打架闹事，闹得乡里乡间鸡犬不宁。当时，长桥下有条独角蛟，南山有只白额虎，一起危害百姓，大家就将周处和独角蛟、白额虎并称为“三害”。

后来，有乡亲劝说周处去除掉独角蛟和白额虎，实际上是希望借此除掉周处这个最大的祸害。周处先是进入南山，凭借自己过人的力气除掉了那只白额虎，后又下长河，与独角蛟大战三天三夜仍未分出胜负。乡亲们都误以为周处和独角蛟同归于尽了，无不拍手叫好，谁料想，当周处胜利而归时，却看见乡亲们都以为自己死了而奔走庆祝，这个时候他才知道自己原来的行为有多可恶。

周处下决心想改变自己，却不知道从何做起，于是他找到当时有名的学者陆机、陆云兄弟，说明了来意，也表达了自己的担忧："我的性格天生就是这个样子，恐怕现在有悔改之意，也无法改变了吧！"陆云回答说："一个人的修养是可以靠后天积累的，只要你肯改变自己，就一定能成功。"

从此之后，周处跟随陆云两兄弟饱读诗书，四处开阔眼界，反省改变自己，不断提升内在修养，改掉了冲动暴躁的性格，最终成为晋朝一代名臣。

人人都有性格，性格好坏决定了修养的高低，人人都有机会提高修养，修养的深浅反过来也影响着性格的提升。内在的修养就像修炼内功一样，不容易看出痕迹，却在不知不觉间影响着性格的改变。南怀瑾大师就常说，不要以个性待人，必须以修养影响人，若要做个真正有性格的人，就必须要从心性上着手，学会完善自己的性格，做一个有修养的人。

·3·

环境塑造性格，性格决定人生

有这样一句话：“环境影响性格，性格决定命运。”对此，南怀瑾大师是这样解释的：性格是人外在表现出来的行为习惯和态度，良好的环境对性格的发展会起到积极的影响，会培养出具有坚毅、上进、真诚等元素的优秀品质，从而会促进人生迈向成功。养成良好的性格，塑造良好的行为习惯，无论我们做什么都会受用终生。

环境与人的性格形成息息相关

南怀瑾大师曾说过，世间万物，绝对不要和环境作对，人也是如此。不同环境下养成的性格必然不同，这里说的环境包括自然环境和人文环境。南北方人因为地域差异，性格也大有不同，南方人更加细致，北方人更加豪爽。人的本质是一切社会关系的总和，所以所处的人文环境也对性格的形成产生很大的影响，若是一个人处在一群恶习满身的人之间，慢慢就会没有羞耻之心，甚至会同流合污。反之，若是交往一些品质好的人，则会潜移默化地受到积极的影响，自己也会高尚起来。

欧阳修是北宋著名的文学家、政治家。他在颍州当长官的时候，手下有一个名叫吕公著的年轻人。由于小时候家境贫困，吕公著几乎没有接受过什么教育，说话做事都比较粗犷。一日，欧阳修的好友范仲淹来家中做客，欧阳修邀请吕公著一同待客，范仲淹看出吕公著个性毛躁，于是建议他跟随欧阳修，多向他学习诗词歌赋。此后，吕公著就随欧阳修学习，在他的言传身教下，吕公著的文学素养不断提升，做事风格也变得文雅细致，后来创作了许多优秀的诗歌。“与君子交友，犹如身披月光；与小人交友，犹如身进毒蛇”，如果身边都是品质好的人，会促进你积极奋进，所以要选择一个充满正能量的环境，坚决摒弃丑恶的东西，注意防微杜渐。

家庭环境对性格形成的影响也不可小觑。比如，如果孩子的父母经常动手吵架，孩子的性格就会变得自闭、懦弱，拒绝与人接触。南怀瑾大师就一直强调，父母作为孩子的第一任老师，要给孩子创造一个和睦的家庭氛围，这样才能让孩子养成一个良好的性格，方能健康成长。

改变命运应首先培养性格

世界上没有十全十美的事情，每个人的性格也不尽完美。南怀瑾大师说，性格可以完善，只有培养优良的性格，才会收获优秀的行为，人生也会随之改变。每个人都渴望成功，然而成功不仅需要努力拼搏，还需要好的性格支持。好的性格会帮助你吸引更多优秀的朋友，争取更多珍贵的机会，成功也会随之而来。

有位美国记者采访晚年的投资银行一代宗师 J.P. 摩根，问：“决定你成功的条件是什么？”摩根毫不掩饰地说：“性格。”记者又问：“资本和资金哪个更重要？”摩根一语中的，答道：“资本比资金重要，但最重要的还是性格。”

世界巨富沃伦·巴菲特和比尔·盖茨曾受邀到华盛顿大学进行演讲，当日，有学生问道：“你们是怎么变得比上帝还富有的？”巴菲特回答道：“这个问题非常简单，原因不在智商。为什么聪明人会做一些阻碍效率、影响效果的事情呢？原因在于习惯、性格和脾气。”盖茨表示赞同。无论是在工作还是在生活中，都是性格决定命运，性格就如同水泥柱中的钢筋铁骨，而知识和学问则是浇筑的混凝土，可见性格的重要性。性格甚至可以决定人生的成败，只有充分发挥优势，才能找到适合自己的成功之路。

西班牙大文学家塞万提斯说：“每个人的命运都是由自己的性格决定的。”古往今来，这个道理被反复印证。贝多芬坚韧的性格，让失聪的他成为著名的音乐家；比尔·盖茨敢于挑战的性格，让他果断退学，创造了微软帝国；而刘翔不愿屈服的性格，让他勇敢面对挫折，手术后仍然能挑战巅峰。顺应自身的性格，你就能找到成功的道路；逆着自己的性格，你将与成功绝缘。每个人都有属于自己的性格，每种性格都有其擅长的职业。无论是哪一种性格，你都应接受并充分发挥，这样才能肩负起上苍所赋予的使命，进而掌控自己的命运，开启通往成功的大门。

·4·

识人如辨物，从个性鉴识器度

人在社会群体中生活，正如徐志摩的诗所述，“你我相逢在黑夜的海上，你有你的我有我的方向”，一生中总会与形形色色的人相遇相识，相交相知。相逢取决于刹那间的缘分，而识人交友却是难事。所谓“知人知面不知心”，我们要学会从对方的个性辨别他的器度。

孔子曾有哲言曰：“视其所以，观其所由，察其所安，人焉叟哉？人焉叟哉？”也就是说，看明白他正在做的事，看清楚他过去的所作所为，观察一个人在安心做什么，那么这个人的真面目就无处隐藏了。孔子在这里讲述了识人的技巧：所谓识人就像辨别器物一样，可以从其外在的形制和内在的容量等来认识它的品性。

君子不器，人有多面

如何识别某个人是否可交呢？从个性鉴识器度的具体方法是什么呢？南怀瑾大师曾经以他高度赞赏的曾国藩的看人功夫为例来论述看人的方法：“清代中兴名臣曾国藩有十三套学问，流传下来的只有一套——曾国藩家书，其他的没有了，其实传下来的有两套，另一套是曾国藩看相的学问——

《冰鉴》这部书。它所包涵看相的理论，不同其他的相书……‘功名看气宇’，就是这个人有没有功名，要看他的风度。‘事业看精神’，这个当然，一个人精神不好，做一点事就累了，还会有什么事业前途呢？‘寿夭看脚踵’，命长不长，看他走路时的脚踵。我曾经有一个学生，走路时脚跟不点地，果然她去逝得早。这种人第一是短命，第二是聪明浮躁，所以交代她的事，她做得很快，但不踏实。‘如要看条理，只在言语中’，一个人思想如何，就看他说话是否有条理，这种看法是很科学的。”

南怀瑾大师之所以欣赏曾国藩的识人方法，不仅因为其相术符合生理学的规律，更因为其指出了辨识一个人品性的具体方法。孔子说“君子不器”，即真正的君子不像某个固定的器皿一样只有某种固定性质，这也从侧面说明了认识一个人本质的困难。因为每个人都有多面性，在人前表现出来的形象和他真实的本质可能相去甚远，因此才有“披着羊皮的狼”这样的说法，如果认识人只看到他外在的“羊皮”，那么可能会被误导而错入歧途。魏延投靠刘备的时候，众人皆以为其弃暗投明，应该受到主公的赏识，唯有诸葛亮认为其脑后有反骨，既然能毫无义气地背叛了之前的主公，那么有一天很可能会再次背叛刘汉。结局果然不出诸葛亮所料，魏延在诸葛亮死后再次背叛蜀地。如果将魏延视作一件器物，那诸葛亮可谓是仔仔细细地把这件器物打量清楚并且考虑了将来可能的变化，他所掌握的识人的智慧亦可谓令人惊叹。

识人辨器，成人成己

识人辨器不仅是一种智慧，还是一门艺术。所谓艺术，指的就是识人需要独特的眼光，去发现一个看似普通的人背后隐藏的卓越才能或无可匹敌的天赋。有些人认识别人总是看到别人的短处，并常常以此衬托自己的长处，其实这对自己毫无裨益，同时也会为他人所厌恶。能够识人，实际就包含了一种赏识和尊重，一种海纳百川的胸怀和气度。

举个例子来说，刘邦是地痞流氓出身，他没有项羽出身高贵，也没有领军打仗之才，为什么最终能得到天下呢？对此，刘邦曾做出过精妙的解释："夫运筹帷幄之中，决胜千里之外，吾不如子房；镇国家，抚百姓，给饷馈，不绝粮道，吾不如萧何；连百万之众，战必胜，攻必取，吾不如韩信。三者皆人杰，吾能用之，此吾所以取天下者也。"这段话在《史记·高祖本纪》中有所记载，大意说的就是刘邦不懂得运筹帷幄，也不懂得抚顺百姓补充粮饷，在带兵打仗的事情上更比不过韩信，但是他之所以能得天下，就是因为他能够认识到这三人的才能并能使他们为自己所用。相反，项羽就没有认识到韩信带兵打仗的才能而痛失一名良将，没有认识到范增在筹划上的智慧而最终与这唯一的谋士分道扬镳。

也就是说，成就刘邦的实际上是他卓越的识人能力，他深谙其中的艺术；而项羽作为一介粗莽武夫，不懂得正确认识别人、赏识别人和尊重别人，因此最后落得乌江自刎的结局。识人不仅能够增强他人的自信，深化他人对自己的自我认知，对自己而言，也是弥补自身缺点的良机。尤其是在团队合作中，正确识人可最大限度地发挥团队的战斗力，克服单打独斗时的各种问题，让团队中每个人的才能都得到最大的发挥。

识人如辨器，要像观察一件器皿一样把一个人从表到里认认真真地看透，尤其要看清那个人的度量或者器度，因为这一方面决定了那个人的包容度，另一方面也决定了那个人的深度和广度。有器量的人方可谓之真君子，才能遵守友谊的承诺，珍视友情的宝贵。

·5·
成功、失败，皆由自己决定

失败与成功是紧密相连的，没有失败也就没有成功。很多时候，失败与成功也许只是一念之差。南怀瑾大师说过，人的成功与失败是靠自己定义的，不要过于在意外界的评价。大师也曾年轻奋斗过，也曾腰缠万贯过，获得过别人眼中的成功。但是他自己却认为，隐退后悉心研学，将所有积蓄用于传播佛学，这才是自己所追求的成功。

其实，正如大师所说，成功和失败都是生命中的一种意识，成功不会永恒，失败也是如此，关键在于自己的心态，如何在失败的时候抱有积极态度，在成功的时候怀有正确理念。其实成功很简单，就是将自己认为正确的事做好，想成功就要养成想做事的习惯。如果你肯努力奋斗，积极进取，成功自然会来；相反，如果你不肯努力，停留空想，那么成功自然离你千里万里。

失败是人生的智慧

失败可以让人冷静，让人思考，让人不断地反思。正如南怀瑾大师所说，人生没有失败就不会成功，失败是人生最宝贵的智慧。如果只有成功，没有经历过失败，那一时的幸运只会让人蒙住双眼、固步自封，人生迟早会失败。

项羽是一位天生神力的英雄，“吴中子弟皆惮之”，再加之他志向远大，又精通兵法，所以每战必胜。但是也正因为没有遭遇过失败，他对自己过度自信，因此轻易允诺了项伯“善遇”刘邦的进言，不顾亚父“示之者三”，于鸿门宴上放走了罗网中的刘邦，于是便有了“楚汉之争”的出现。甚至在兵败乌江之际，他也拒绝登上乌江亭长的救生船，最终自刎而死。项羽人生前期的顺利造就了他骄傲自负、自矜攻伐的性格，没有挫折的磨炼，让他无法接受失败的后果，因而自暴自弃，孤注一掷，最后导致悲剧的发生。

如果你没有经历过真正的失败，那又怎么能获得真正的成功呢？失败固然痛苦，但这是通往成功的必经之路，失败能让人更加清醒地认识自己、反省自己、改变自己。

福布斯财富榜上的华人首富、中国商界不倒传奇的李嘉诚，自22岁创业伊始，转战塑胶、地产、石油等多个行业，屡创奇迹，他的企业管理和运营之道也引来众多商业人士争相“取经”。他成功的座右铭就是：成功源于花90%的时间思索失败。

在几十年的创业经历中，李嘉诚遇到过很多次失败，这让他明白，世界上没有常胜将军，要珍惜每一次失败带来的经验，这将是下一次成功的根基。李嘉诚先生在汕头大学2012届毕业典礼上分享自己成功的秘诀时说道："我一直深信，如果世界上有任何'成功秘方'，其中最关键的元素必定是正视失败，失败才是人生真正的财富。"李嘉诚表示，自己90%的时间都用来思索失败，并从不放过任何细节，这才成就了长江实业不菲的业绩。

失败对人生来说是好事，不是坏事。失败能够让你看到不足之处，哪方面做得还不够，需要朝哪个方向努力。只有清醒地认识到这些问题，并克服这些难题，才能取得成功。

成功因勤奋而有意义

马克思曾经说过："在科学上没有平坦的大道，只有不畏劳苦、沿着陡峭山路攀登的人，才有希望达到光辉的顶点。"他为了研究资本主义的发展规律，日复一日地起早贪黑、废寝忘食，坚持四十年到图书馆查阅资料、研读自学，有几次甚至因过于专注而被反锁在图书馆中，但他毫不介意，仍不倦地回到书堆中。这也让他写出了世界上第一部研究资本主义发展规律的巨著《资本论》。他用自己的经历告诉我们，成功离不开勤奋，更因为勤奋而具有意义。

中国古代也不乏这样的例子，正所谓"德隳于惰，名立于劳"。伟大的文学家刘勰小时候家境贫寒，不得不在佛殿借读。小和尚们常常听见夜深之际佛殿里还传来朗朗读书声，以为闹鬼，赶紧告诉老和尚。于是，老和尚带领小和尚去捉鬼，结果发现原来是刘勰正在刻苦学习。试想，如果没有年幼时的刻苦学习，刘勰怎能得美名流传千古呢？

"勤奋就是成功之母"，著名考据学家阎若璩的成就就与他从小的勤奋努力分不开。阎若璩小时候口吃，常常遭到大家的嘲笑，他的母亲是位老师，总是鼓教育他勤能补拙。阎若璩付出了比别人多几倍的努力，刻苦读书，最终凭借这股吃苦好学的精神成为著名的学者。

南怀瑾大师说，没有永远的成功，也没有永远的失败。在通向成功的路上，难免会遭遇挫折，但是对于奋斗者来说，挫折就意味着成功。有的人遇到挫折，就沉浸在痛苦中无法自拔，甚至失去自信心，也错失了转败为胜的机会。而有人却化挫折为力量，坚强面对失败，从失败中看到成功的希望。

·6·
性格中的勇气才是真正的奢侈品

蒙田说过，在全部的美德之中，最强大、最慷慨、最自豪的是真正的勇敢。普希金也赞美勇敢是人类美德的高峰。丘吉尔认为，勇气很有理由被当作人类德行之首，因为这种德行保证了所有其余德行。勇气是人类最重要的一种特质，有了勇气，人类其他的特质自然也就具备了。南怀瑾大师认为性格中的勇气才是真正的奢侈品，突出了勇气这种品质的可贵。

要有勇气做正确的事

托尔斯泰说过，为其所应为，这样的人才是勇敢的。真正勇敢的人内心有一把标尺，对于应该做的正确的事，不管面临什么困难，都有勇气去实践。

蔺相如因为“完璧归赵”有功而被封为上卿，位在廉颇之上。廉颇很不服气，扬言要当面羞辱蔺相如。蔺相如得知后，尽量回避、忍让，不与廉颇发生冲突。蔺相如的门客以为他畏惧廉颇，而蔺相如却说：“秦国不敢侵略我们赵国，是因为有我和廉将军。我对廉将军容忍、退让，是把国家的危难放在前面，把个人的私仇放在后面啊！”廉颇听后为自己的心胸狭隘而愧疚万分，于是就有了“负荆请罪”的故事。虽然廉颇身居高位，可他认识到自己的错误之后，勇于承认错误，采取了负荆请罪的方式，而这非但无损他的形象，反而一时传为美谈。

真正的勇士敢于直面惨淡的人生，敢于正视淋漓的鲜血，鲁迅先生自己就是这样的勇士。为了唤醒麻木的民众，他敢于“横眉冷对千夫指”，一针见血地揭露民族劣根性。他不惧怕反动势力的威胁，毅然决然地做他认为正确的事。1933年6月，蒋介石指使特务在上海公然将中国民权保障同盟副会长兼总干事杨杏佛杀害。鲁迅和宋庆龄、蔡元培等其他民权保障同盟的主要成员也都收到了特务的恐吓信。然而鲁迅却置生死于度外，毅然前去参加杨杏佛的葬礼，并且破例出门不带钥匙，表示有去无回。他说：“怕什么，杀死一个杨杏佛，会有更多的杨杏佛；杀死一个鲁迅，会有更多的鲁迅……”鲁迅的出现使特务惊慌失措。他身上透出一股无形的力量，尤其是那双锐利的眼睛似乎能够看透五脏六腑。特务们慑于鲁迅在国内外的崇高威望，没敢下手。真正勇敢的人是最了解人生的幸福和灾患、勇往直前、敢于面对不可知未来的人。

我们都知道要做正确的事，但当有可能危害自身利益时，做出正确选择则需要勇气。有勇气做正确的事的人，才是真正内心强大的人，也正是这份勇气使他们如明星一般闪亮。

勇气是最好的天赋

马其顿国王亚历山大小时候，他的父亲获得一匹烈马，许多优秀的骑士做了种种努力，但没有一人能跨上马背，更不要提驯服它了。亚历山大跟父亲说：“只要您允许，我就能驯服它！”父亲答应后，亚历山大走了过去，开始他也和别人一样，慢慢拉过缰绳，轻轻抚摸马身。后来，他突然把马转向太阳，趁马略显慌乱之际，一跃跨了上去。马竖起前蹄，飞起后腿，就地转来转去，可亚历山大却镇定自若，终于驯服了这匹烈马。那么，亚历山大是怎样跨上马背的呢？原来，别人驯马时，他已观察到，马害怕自己的影子。所以，他把马转向太阳，马看到影子的时候，正是它最胆怯、最软弱的时候，亚历山大乘机出击，因此获得了成功。亚历山大不仅没有被烈马的强烈反抗吓到，反而通过观察发现马的弱点最终将其驯服，可谓有勇有谋。

在经院学派和神学处于统治地位的时候，意大利科学家布鲁诺公然否定地心说，宣传日心说，面对教会的迫害，他没有妥协，而是勇敢地捍卫真理，坚持日心说。虽然他最终被扣以“异端”的罪名处以极刑，但正是因为他的勇气，更多的人开始质疑地心说。

数学家华罗庚年轻时看到一篇数学论文，作者是当时的权威人士、大学教授、数学家苏家驹。华罗庚反复读了好几遍，觉得有问题，他就迅速拿起笔，经过缜密的推理和运算，竟得到了同苏教授完全相反的结论。经过反复验算，他最后认定自己的结论是正确的。于是，他发表了论文，在数学界引起了强烈的反应。华罗庚十分可贵的地方，在于他不但不迷信权威，而且勇于向权威挑战。他的勇气是他一切成绩的开始。

你若失去了财产，你只失去了一点；你若失去了荣誉，你就会丢掉许多；你若失去了勇敢，你将失去一切。勇气如此重要，然而现实生活中真正有勇气的人却少之又少。人们总是有这样那样的顾虑，而没有勇气坚持真理、坚持梦想、坚持自我。所以说，勇气才是真正的奢侈品。

·7·
有勇无谋，只会种下苦果

著名的成功学大师戴尔·卡耐基一直很强调勇气的重要性。他认为，一个人胆子大才能有所作为；畏怯、懦弱的人，只听到危险到来前的恐慌传言，就被吓得不知所措，试问这样的人能会有什么建树呢？然而，需要注意的是，勇气很多时候是盲目的、冲动的、不加思考的。正如凯瑟琳·雷恩所言，鲁莽往往以勇敢的名义出现，但它是另一回事，并不属于美德；勇敢直接来源于谨慎，而鲁莽则出于愚蠢和想当然。有勇无谋，则与鲁莽无异。培根也说，对于有勇无谋的人，只能让他们做帮手，而绝不能当领袖，因为他们无法预见潜伏的危险与困难。所以南怀瑾大师才说，“有勇无谋，只会种下苦果”。

南怀瑾大师强调领导者必须是勇敢的，要有开拓创新的勇气、身先士卒的勇气、改革突破的勇气、背水一战的勇气、壮士断腕的勇气……但只有勇气是远远不够的。有勇无谋，忧患无穷；有勇有谋，方可所向披靡。

勇而无谋，咫尺之痛

西楚霸王项羽的勇猛无人能及，但他有勇无谋，优柔寡断，最终与成功失之交臂。韩信在被刘邦拜为大将后，曾与刘邦谈论天下大势，承认论兵力的英勇、强悍、精良，自己都不如项羽，项羽一声怒喝，众人皆吓得胆颤腿软。但项羽不能放手任用贤将，只能算匹夫之勇。项羽待人恭敬慈爱，语言温和，人有疾病，同情落泪，把自己的饮食分给他们。可是等到部下有功应当封爵时，他把官印的棱角都磨光滑了也舍不得给，这是妇人之仁。后来事实也证明的确如此，唯一的谋士范增一怒而走。汉军用计谋把项羽耍得团团转，刘邦正面与项羽相击，韩信千里迂回，彭越在项羽后院打游击，项羽像无头苍蝇一样疲于奔命，按倒葫芦起了瓢，最终被汉军合围，其霸业以失败而告终。

郭嘉对此评价：“昔项籍七十馀战，未尝败北，一朝失势而身死国亡者，恃勇无谋故也。”苏洵则认为：“项籍有取天下之才，而无取天下之虑。”范浚对项羽的失败有更详细的分析：“若籍则无能有是，得范增不能用，得陈平不能用，得韩信不能用，皆使之怨愤弃去，徒以匹夫小勇，欲决雄雌于挑战间，至力殲势穷，犹将驰杀一二汉将，以见枝能，此楚所以失天下也。”表述虽不尽相同，但核心思想一致，即项羽败在谋略上，而非能力或人品上。

缺少谋略，错失良机

吕布是东汉末期的著名将领，史书记载：“布便弓马，膂力过人，号为飞将。”他曾单挑凉州将领郭汜，在征讨黑山军张燕时，他身先士卒，依靠勇力取得胜利。谋士陈宫因为吕布的武勇而迎他为兖州牧，在拥有天下为之侧目的绝世勇力的同时，吕布却有着悲剧的一生。他指挥作战败多胜少，拥兵起事以完败告终，为人处事更是令人所不齿。陈寿有云“吕布有虓虎之勇，而无英奇之略”；荀攸评价“吕布勇而无谋”；皇甫郦认为“吕布受恩而反图之，斯须之间，头县竿端，此有勇而无谋也”。吕布因为缺少谋略，屡次错失良机。

初平三年，青州黄巾作乱兖州，鲍信迎曹操平定叛乱，因而曹操获得了兖州。兴平元年，曹操借口报父仇东征徐州陶谦，在兖州留下荀彧、程昱、夏侯惇、陈宫等人，而张邈也是曹操的后盾。随后，张邈与陈宫联手反叛曹操，并迎吕布作为兖州牧，“吕布壮士，善虞无前”，各郡县迫于压力投降。这样，曹操就丧失了大部分根据地，而有这样的绝对优势、包围之势，吕布竟没有攻下甄城。

随后，吕布又做了一个战术上愚蠢至极的决定，竟然去占据兖州西北部夏侯惇暂离的濮阳城，而不去迅速占领兖州东部的东平郡，以拉近战线并就近断掉曹操的后路，结果，原本处于绝对劣势的曹操竟使占尽优势的吕布退出濮阳城。

吕布拥有超乎常人的能力，作战却只是逞匹夫之勇，结果痛失良机。

孔子曾言：“勇而好问必胜，智而好谋必成。”可见，勇气与智谋需相辅相成才能成就大事，有谋无勇可以，但有勇无谋终将一事无成。拥有勇气可以迈出开拓性的第一步，而拥有智谋才可以正确掌控方向，有勇气的人很多，但懂得谋略的人却相对有限。对于没有谋略思维的人来说，无论多么骁勇善战也都只是匹夫之勇。无论占据多么有利的条件，即使是天时地利人和都具备，但不会合理调配资源，也可能被敌人抢占先机，反败为胜，这些都有历史上的真实例子佐证。

·8·
诚实是赢得他人尊重的基石

孔子曾言“人而无信，不知其可也”，即一个人不讲信用是不行的。南怀瑾大师认为，“信”者，不疑，诚实而可信，言出由衷，始终不渝。“人”和“言”组成了信，人言不爽方为有信，讲出的话就要负责、兑现。诚心致意、以诚居心，必然是诚实。处事端正、不狂妄、不欺诈是做人的根本，也是兴业之道、治世之道。守信用、讲信义，是中华民族的价值标准和基本美德。

诚实，为你赢得尊重

西塞罗说过，没有诚实何来尊严。真诚是处世行事的最好办法，既能维护你的尊严，也能为你赢得别人的尊重。

曹操虽然野心很大，有很多坏毛病，但他却在统领的军队中留下了诚信的美名。一次，曹操亲自统领大军去打仗。行军的路上，看见路边的麦子都已成熟却没人收割。原来老百姓因为害怕士兵，逃到外边，不敢回来收割麦子。曹操派人挨家挨户告诉村里人和各处看守边境的官吏："我奉皇上旨意，出兵讨伐叛逆的贼人，为民除害。现在正是麦田收割之时，只要有践踏麦田的，就斩首示众，说到做到。父老乡亲们请不要害怕。"老百姓们开始都不相信，仍旧躲在暗处观察军队的行动。

经过麦田的官兵，都下马用手扶着麦秆，小心地蹚过麦田，这样一个接着一个，相互传递着走过麦地，没一个敢践踏麦子的。老百姓看见了，无不欢喜称颂，望着官兵的背影跪地拜谢。曹操骑前行，忽然田野里一只鸟惊叫着飞起来。曹操骑的马受了惊吓，一下子蹿入麦田中，践踏坏了一小片麦田。曹操立即叫来随行的官员，要治自己践踏麦田的罪行。官员说："怎么能给丞相治罪？"曹操说："我亲口说的话，我自己都不遵守，还有谁会心甘情愿地遵守呢？一个不守信用的人，怎么能统领成千上万的士兵呢？"随即抽出腰间的佩剑，想要自刎。众人连忙拦住。这时，大臣郭嘉走上前说："古书《春秋》上说，法不加于尊。丞相统领大军，重任在身，怎么能自杀呢？"曹操沉思了好长时间，才说："既然古书上有这样的说法，我又肩负着天子交待的重要任务，那就暂且免去一死。但是我不能说话不算话，我犯了错误也应该受罚。”于是，曹操用剑削断自己的头发，扔在地上，说：“我就以割发代替吧。”曹操又派人传令三军：“丞相践踏麦田，本该斩首示众，现在割发代替。”

“身体发肤受之父母”，随便割发在当时是大逆不道的事情，是不孝的表现。因此，在当时的人看来，曹操当众割发和割脑袋没什么两样。曹操就这样赢得了百姓的尊重。

诚实，为你赢得人心和支持

程颐有言，以诚感人者，人亦诚而应。在这一点上，李嘉诚有同样的观点：你必须以诚待人，别人才会以诚回报。一个对人真诚的人，也会被人真诚相待，诚信可以为你赢得人心。

秦末有个叫季布的人，一向说话算数，信誉非常高，许多人都和他有深厚的友情。当时甚至流传着这样的谚语：“得黄金百斤，不如得季布一诺。”后来，他得罪了汉高祖刘邦，被悬赏捉拿。结果他旧日的朋友不仅不被重金所惑，而且冒着灭九族的危险来保护他。

一个人诚实有信，自然得道多助，能获得大家的尊重。反过来，如果贪图一时的安逸或小便宜而失信于朋友，表面上是得到了“实惠”，但为此毁了自己的声誉，那多不值得啊。

北宋词人晏殊素以诚实著称，十四岁时，有人把他作为神童举荐给皇帝。皇帝召见了他，并要他与一千多名进士同时参加考试。结果晏殊发现考题是自己十天前刚练习过的，就如实禀告，并请求改换题目。皇帝非常赞赏晏殊的诚实品质，便赐他“同进士出身”。晏殊入仕时，正值天下太平，京城的官员经常到郊外游玩，或在城内的酒楼茶馆举行各种宴会。晏殊家贫，无钱出去吃喝玩乐，只好在家里和兄弟们读写文章。有一天，皇帝提升晏殊为辅佐太子读书的东宫官。大臣们惊讶异常，不明白皇帝为何做出这样的决定。皇帝说：“近来群臣经常游玩饮宴，只有晏殊闭门读书，如此自重谨慎，正是东宫官合适的人选。”晏殊谢恩后说：“我其实也是个喜欢游玩饮宴的人，只是家贫而已。若我有钱，早就参与宴游了。”这两件事使晏殊在群臣面前树立了信誉，而皇帝也更加信任他了。

诚实信用既是无形的力量，可以打动人心，也是无形的财富，为你赢得支持。诚信不仅是一个人的立身之本，也是一个国家的立国之本。以诚信为本，方可达到《中庸》中的“经纶天下之大经，立天下之大本”的目标。

·9·
得意忘形，怎知失意也会忘形

有些人得意之后忘乎所以，目中无人，也有一些人因为失意，精神不振，郁郁寡欢，迷失初心。人之所以得意或失意，是相比较而产生的。《围炉夜话》说：“常思某人境界不及我，某人命运不及我，则可以自足矣；常思某人德业胜于我，某人学问胜于我，则可以自惭矣。”南怀瑾大师告诉我们，无论得意失意，都要不忘本相，与人比较，最好从自身需要出发，需要自惭就跟高人比，需要自足就跟弱者比。人行于社会，情绪不受个人境遇的影响是不可能的。但我们应该想到，目前的处境只是人生的一个驿站，成功才是最终的目的地。无论现状多么糟糕，那都不是我们长久停留的地方。要相信成功，满怀信心地向未来进发。当然，顺利的境况同样只是一个驿站，迟早会离开的。你可以享受这个驿站的舒适，得意却大可不必。范仲淹的“不以物喜，不以己悲”表达的也是这层意思。

宠辱不惊，闲看花开花落

林则徐是清朝时的政治家，官至一品，因销毁鸦片而被誉为民族英雄。但在第一次鸦片战争中清政府失利，为了讨好英国殖民者，林则徐作为牺牲品被流放，然而他并没有抱怨，“苟利国家生死以，岂因祸福避趋之”，彰显了他宠辱不惊、以民族利益为先的人格魅力。季羡林先生为世人所敬仰，不仅因为他的学识，还因为他的品格。他说自己即使在最困难的时候，也没有丢掉良知。他曾偷偷地翻译印度史诗《罗摩衍那》，又完成了《牛棚杂忆》一书，凝结了很多人性的思考。当他得以平反后，他的成就和贡献得到公认，却坚决拒绝接受国学大师的称号。无论是顺境还是逆境，季老始终如一，不为世俗利益所动。

真正能做到宠辱不惊的人一定清楚地明白自己想要什么，而且拥有真正的自信。就像南怀瑾大师说的，当一个人真正认清自己之后，无论得意还是失意，都不会迷失本相。

重整心情，又见柳暗花明

“人有悲欢离合，月有阴晴圆缺”，人生不如意事十有八九，没有谁会永远顺风顺水。就像一块铁，必须经过打磨，才可成为利器。一个人只有经得住考验，才能担得起重任。倘若遇到点小风小浪就一蹶不振、自暴自弃，人生才会真正悲惨。人生最大的敌人是自己，也只有靠自己才可以走出失意。当我们鼓起勇气，重新出发，会体会到“山重水复疑无路，柳暗花明又一村”的喜悦。

周杰伦在乐坛可以说是神一样的存在，然而他的成功也沾满了心酸的汗水和泪水。他从小痴迷于音乐，却因为偏科没有考上大学，之后他到一家餐厅做服务生，偶然的一次机会，吴宗宪发现了他，邀请他做自己的音乐助理。作为唱片制作助理，在负责唱片公司所有人的盒饭之余，周杰伦在一间几平方米的隔音间里开始了自己的创作生涯。半年下来，他写的歌不少，但曲风奇怪，没有一个歌手愿意接受。吴宗宪有些着急，他决定给这个年轻人一些打击。他让周杰伦来到自己的办公室，告诉他写的歌曲很烂，当面把乐谱揉成一团，丢进废纸篓里。周杰伦还是每天坚持写歌，终于打动了吴宗宪。1999年12月的一天，吴宗宪把周杰伦叫到房间，说：“如果你可以在10天之内拿出五十首新歌。我就从里面挑出十首，做成专辑。既然没有人喜欢唱你的歌，你就自己唱吧。”10天之后，周杰伦拿出了五十首歌，于是就有了他一举成名的专辑《JAY》。从这张专辑开始，周杰伦的音乐成就一发而不可收。

如果周杰伦因为外界持续不断的否定而怀疑自己，甚至放弃写歌，那么他也就不可能有如今的成就。那段时间的周杰伦无疑是失意的，但他没有忘记自己的梦想和追求，从不停下追梦的脚步，所以他等来了机遇，等来了成功。

最后以南怀瑾大师的话结束此篇：人生在世，虽然不是命运天定，但也不能勉强为之。只能依自己的努力和机缘，能上则上，当下则下，进退俯仰，顺其自然。身处顺境时，不得意忘形；身处逆境时，不自轻自贱，把任何境遇都看成一种正常状态，因为它本来就是一种正常状态。没有谁天生注定应该心想事成，为什么得意的就一定是自己呢？为什么失意的就一定是别人呢？没有这个道理。如果做人能做到有虚有实、无滞无碍，无可无不可，无求无不求，也就称得上顺其自然、与道相合了！

Part 5

修行修身，德为先

——南怀瑾谈德行哲学

修身是儒家弟子入门的第一课，不修身，无以齐家、治国、平天下。修身以德为先，一个人要培养自己的品德，懂得约束自己的性情，懂得与人相处的基本道理，懂得人伦纲常之道，才能称得上是一个真正顶天立地的人。人要崇尚德，将德作为规范自己行为的标准，不求成为一个有权有势的达官显贵，但求成为一个贤德知礼、有儒生风范的真君子。立人以修身为本，修身以养德为先，德意味着胸怀和气度。

·1·

想要身后留名，必须人前立德

苏轼在《前赤壁赋》中感慨："寄蜉蝣于天地，渺沧海之一粟。哀吾生之须臾，羡长江之无穷。"人生苦短，绝大多数人都湮没在人类历史的长河之中，只有极少数人可以激起美丽的浪花为后人纪念。这些被历史铭记的人或许并非都是功名显赫，但有一点可以肯定，他们身上的美德令人敬佩。南怀瑾大师告诉我们，想要身后留名，必须人前立德。匈牙利也有一句关于美德的名言——美貌一去不返，美德流芳百世。大文豪莎士比亚赞叹，生命短促，只有美德能将它留传到后世。可见，世人对美德的评价和态度是共通的。

奉献彰显美德

美德有很多表现形式，但能够被人们记住并传颂的，往往是通过奉献的方式体现出来的。在爱与奉献中，个体的价值得到体现和升华。

居里夫人的科学成就让人难以匹敌，她高尚无私的人格也为后人所传颂。小时候，她的祖国波兰被其他国家瓜分，由此带来的心理创伤使她更加热爱祖国，热爱和平，淡泊金钱和名誉。居里夫妇发现第一个放射性元素时，她决定纪念祖国，把它命名为波兰的谐音“钋”。她虽不能回到波兰，却一直关心和支持祖国的解放事业，并派最好的助手去波兰，帮助他们建立放射能实验所。一战爆发，居里夫人借来二十多辆汽车，把射线治疗设备装载到车上，帮助受伤的士兵找到枪弹片的位置。她还应邀去比利时、意大利，教给他们这种诊疗的方法。居里夫人在枪林弹雨中勇敢、勤劳地工作，许多护士常把这位举世闻名的大科学家当成普通的护士。居里夫人成就非凡，受到世界许多国家和人民的尊敬和爱戴。面对堆积如山的奖品、奖牌等各种荣誉，她却继续过着平淡的生活，潜心从事研究。当时提炼出一克镭，价值七十五万法郎，生活并不富裕的居里夫妇却放弃申请专利致富的机会，将制镭的秘密公开，让全世界自由使用。他们将诺贝尔奖奖金中的一部分捐给三个科学协会，把奖章当成孩子的玩具。她访美时拒绝了美国政府代表人民赠送的“一克镭”，因为她不愿私人占有这个贵重品。在她六十七岁时，由于长期接触放射性元素，她患了恶性贫血症，安静地告别了人世。居里夫人将一生奉献给了人类的科学进步与和平健康，用自己的卓越成就和高尚人格在后人心中树起了丰碑。

近代科学先驱、著名工程师詹天佑，在国内一无资本、二无技术、三无人才的艰难局面下，受命修建京张铁路。他满怀爱国热情，以忘我的吃苦精神走遍了北京至张家口之间的山山岭岭，只用了五百万元、四年时间就修成了外国人计划需耗资九百万元、耗时七年才能修完的京张铁路，让前来参观的外国专家无不震惊和赞叹。当时，美国有所大学为表彰詹天佑的成就，决定授予他工科博士学位，并请他参加仪式。可是詹天佑当时正担负着另一条铁路的设计任务，因而毅然谢绝了邀请。他这种为国家不计个人功名的精神，赢得了国内外的称赞。

美德造福社会

雪莱说过，美德的最大秘密就是爱，或者说，就是逾越我们自己的本性，而溶入旁人的思想、行为或人格中存在的美。换言之，美德不仅仅是个体自身品德的修炼，更重要的是，它会产生一种社会效益和影响，作为一种润滑剂或调和油，造福社会，共筑和谐。

古语云："遇欺诈之人，以诚心感动之；遇暴戾之人，以和气熏蒸之；遇倾邪私曲之人，以名义气节激砺之；天下无不入我陶冶矣。"意思是说，遇到狡猾欺诈的人，要用赤诚之心来感动他；遇到性情狂暴乖戾的人，要用温和态度来感化他；遇到行为不正、自私自利的人，要用大义气节来激励他。假如能做到这几点，那天下的人都会受到我的美德感化了。这其实就是在讲美德对人际和谐的作用。

我们身边有很多人用他们的美德和故事向社会传递正能量，传递爱与希望的火花。陈斌强九岁时父亲车祸去世，母亲独自抚养三个孩子长大。2007年，母亲得了老年痴呆症，丧失了日常生活能力。为了能每天照顾母亲，他用一根布条把母亲绑在自己身上，骑着电动车行驶三十公里去学校上班，一连五年，风雨无阻，孝心感动众人。2012年4月，何玥即将小学毕业，却被查出患有高度恶性小脑胶质瘤，住院进行了第一次手术。9月初，病情突然复发二次入院，肿瘤已扩散至脑部组织。当听说自己的生命只剩三个月时，她决定将自己的器官捐献给需要的人。11月17日，何玥脑死亡，父亲根据她的遗愿将她的肾和肝捐给了三个人，让我们感受爱的无畏与动人。

他们都是生活中的普通人，却在平凡中书写美德的华章。故欲身后留名，必须人前立德，以此共勉。

·2·
让人惧易，让人敬难

南怀瑾大师指出，所谓的“畏敬”问题包括两种成分，一是“畏”，二是“敬”。《大学》里把这两种内涵合在一起，等于是由“畏”而“敬”，然而，实际上让人感觉畏惧很容易，拥有权力或别人需要却得不到的资源都可以做到，而想要得到别人发自内心的尊重却并非易事。人们可能会因为你的权力威慑或财富对你唯命是从，但他们对你的顺从或夸赞未必是真心的，当有一个权势地位比你更大，或者能给他们带来更大发展的人出现时，谁能保证他们还会忠心耿耿地拥护你？所以有“畏”未必得“敬”。

为人所畏的烦恼

明主者有三惧：一曰处尊位而恐不闻其过；二曰得意而恐骄；三曰闻天下之至言而恐不能行。在君臣之间存在一种不宣自明的“默契”——

“臣闻之，君好之，则臣服之。君嗜之，则臣食之”。晏婴去世后，有一天齐景公宴请诸大夫，席间高兴起来，自己起来射箭，但并没有射中箭靶上的红心，可大家却一致叫好。齐景公一听，变了脸色，叹了一口气，挂上弓箭回宫去了。齐景公感叹：“自从晏子舍我而去十七年，再也没有一个人对我说真心话，没有人能够当面明白指出我的过错。”

齐景公是懂得自省的明君，会因为臣子畏惧自己不敢吐露真言而神伤，但更多的帝王将相沉浸在下臣编制的理想世界里而不自知，如商纣王在妲己的魅惑下残忍暴力，不允许臣子有反对意见，听不得逆耳忠言，最终落得众叛亲离、民心向背、家破国亡的结局。

臣子为了博君主欢心而阿谀奉承不说真话，如此君主怎能发现问题，改进对国家的治理呢？其实不仅仅是君臣之间，普通人之间的交往仅靠畏惧联系也是不堪一击的，一个人如果被蒙蔽了视听，心灵也难以保持澄澈。以史为例，隋文帝杨坚害怕独孤皇后而不敢反对她，结果夫妻二人都受了二儿子杨广的阴谋欺骗，一手创建的统一国家就此灭亡。

得人尊敬有原则

南怀瑾大师说：人的一生，几乎随时随地都活在畏惧中，但世界上最可怕的并不是鬼神，上帝、佛祖、菩萨也不可怕，天堂和极乐世界都离我们太远，更可怕的是“人”，最可怕的是“自己”，尤其可怕的是人自己所造成的“人”神。“人”神是得人敬畏，为人膜拜的。美国有华盛顿、林肯，苏联有列宁、斯大林，中国有毛泽东、周恩来，印度有甘地……他们得到了本国人甚至是全世界人们的尊敬，不仅仅是因为他们的身份和地位，而是某些更深层次的、内在化的原因。

韦伯区分了三种作为支配形式的领导、统治和权威的理想类型：传统型权威、法理型权威和魅力型权威，前两者给人以威严，而最后一种才会得到人们发自内心的敬仰和忠诚，上述提到的诸位领袖就是魅力型权威的代表。

能够得到人们真心敬仰的人，身上往往闪耀着一些特质，他们充满正能量，勇于代表和号召人们为正义而战，为自由而战，为幸福而战。他们胸怀天下，拥有悲天悯人的人道主义情怀，不会为自己谋私利，更重要的一点，他们懂得要想得到别人的尊重，就需要先尊重别人。

英国维多利亚女王招待印度客人，餐后印度客人把端上来的洗手水喝了，女王面不改色地也将其喝了。大臣们见状纷纷效仿，一时成为美谈。美国前总统哈里斯有一次和孙子一起乘坐马车。路上一个黑人奴隶看到后站在路边向他们脱帽致敬，哈里斯总统也向他脱帽还礼。孙子看到后非常不解，问道："爷爷你怎么能向一个奴隶致意？"哈里斯笑着说："孩子，你怎么能让一个奴隶都比你有礼貌？"

尊重是一种品质，也是一种习惯，不仅体现在大场合，在自己家中，对身边的人尤其是孩子也要做到尊重，这对他们健全人格的培养会产生非常重要的影响。鲁迅先生就非常注重这一点。有一次，先生在家中宴客，儿子海婴同席。在吃鱼圆时，客人均说新鲜可口，唯独海婴说："妈妈，鱼圆是酸的！"以为孩子胡说乱闹的妈妈便责备了几句，海婴很不高兴。鲁迅听后，夹起儿子咬过的那只鱼圆尝了尝，果然不怎么新鲜，便颇有感慨地说："孩子说不新鲜，我们不加以查看就否定是不对的，看来我们也得尊重孩子说的话啊！”

让人惧易，让人敬难。通过权力、财富和暴力压制可以得到别人的顺从，但没有心灵的触动而建立的联系是冷冰冰的，没有生命的。只有通过人格魅力，通过爱与奉献征服人心，才可以得到人们的尊敬与爱戴。从受众角度而言，真正地尊敬一个人，是听从自己内心声音的自愿行为，这种尊敬往往是持久的；而畏惧一个人，是受制于外部环境采取的不得已、不情愿的举动，没有人愿意维持这种违背自己内心意愿的关系。

·3·
行到有功，即是德

佛学中讲，自利（即儒家的自立）、利他（即儒家的立人），达到福（功）德资粮圆满，智慧资粮圆满，才可以成佛。现在人们虽不一定追求成佛，但都希望多积功德。何为功？何为德？南怀瑾大师认为，行到有功，即是德。

南怀瑾大师在《药师经的济世观》第64讲中说道：“其实一切佛法，不论小乘的四谛、十二因缘，大乘的六度万行，一切都是戒。所谓戒就是行，什么行呢？为善去恶而止于至善，行到了就是有功，就是德行的成就。什么是功德呢？必须一切有成果，行为到了，有成果，有功勋，才是真正的德行。”南怀瑾大师认为首先要去行善，善行有了成果，才是真正的德行。

行是第一步

《西游记》的故事家喻户晓，唐僧师徒行十万八千里路，经九九八十一难到达西天求得真经，方功德圆满，修得正果，可以说是“行到有功，即是德”的典范。功德是实践和积累善行的结果，如果没有“行”的过程，“德”就是无源之水、无本之木。

济公原名李修缘，法名道济，浙江台州人，是当时天台临海都尉李文和的远房孙。他在灵隐寺剃度出家，师父是著名的瞎堂慧远禅师。济公活佛破帽破扇破鞋，嗜好酒肉，不受戒律拘束，举止似痴若狂，因此又叫济颠和尚，但他却是一位学问渊博、行善积德的得道高僧。他乐善好施，深知民间疾苦，扶危济困，好打不平，常惩处为富不仁之人；他还采办药石，治病行医，解忧解难，常常灵验。济公广济民间疾苦，深受百姓爱戴，其德行广为世人传颂。

南丁格尔生于一个名门富有之家，家境优裕，她的父亲威廉·爱德华是一个博学、有文化教养的人，母亲芬妮·史密斯出身于英国王族，不但家道富裕，更是世代行善，名重乡里。年轻时的南丁格尔无意于婚姻，对贵族小姐的生活感到空虚，直到成为一名为人服务的护士，她才强烈感受充实的生命意义。19世纪50年代克里米亚战争发生后，南丁格尔申请担任战地护士，每个夜晚，她都手执风灯巡视，伤病员们亲切地称她为“提灯女神”。战争结束后，南丁格尔用政府奖励的4000多英镑创建了世界上第一所正规的护士学校。随后，她又创办了助产士学校，专门资助那些有意学习护理但经济贫困的学生，被人们誉为现代护理教育的奠基人。1901年，她因操劳过度双目失明。她终身未嫁，致力于护理的改革与发展，取得举世瞩目的辉煌成就，深受世人的敬仰和赞颂。南丁格尔一生以爱为灯，在世界上传递温暖，她的功德为世人所传颂。

南怀瑾大师说："修行就是修功德修智慧，也就是修心。功德是一点点累积而来的，所以说积功累德，要身口意随时都在行一切善。即使做了功，若因此而心生一丝骄慢，这个功也没有了。这积功累德太难了，更不见有人能一贯到底做下去。"个人要把积功德看作一项事业，从一而终，坚持"行"，方可有"功"，方可积功成德。

坚持是关键

刘盛兰是一位普通村民，年轻时在外打工，后来在一家企业做保管员。七十三岁的时候，老伴去世，他成了孤寡老人。也就是这一年，刘盛兰在报纸上看到了一则救助报道，从那时起，他就将自己微薄的工资捐出去，而受捐助的学生也逐渐从周边几个地市"扩张"到全国各地。最多的时候，他同时资助五十多名学生。

每天清早，刘盛兰弄点简单的饭菜，就骑着自行车走村串巷去了，直到捡回一大堆破烂。他十七年几乎未尝肉味，没添过一件新衣，"吝啬"的连一个馒头都舍不得买，可捐资助学总计七万多元，资助了一百多个学生。刘盛兰一直没进养老院，这样就能拿到每年四千元的生活补贴，这些钱他全部捐给了贫困学生。

刘盛兰唯一珍藏的是一个深蓝色布袋，里面装满了汇款单和回信。这么多年过去了，老人也不记得汇出去多少钱、收了多少封信。2013年8月，因为肾病，刘盛兰住进了医院，但他仍然惦记着捐资助学，担心汇款中断和没到位会断了孩子们的希望。得知老人住院，很多受资助的孩子都来看望他、照顾他。

他的爱心助学坚持了17年之久，而他的付出也得到了回报，那么多孩子因为他的帮助得以改变自己的命运，他自己也成为一百多个孩子心中的父亲。

勿以恶小而为之，勿以善小而不为，南怀瑾大师非常强调要从小事做起，坚持行善。善行是出于对善的信仰，善行是对社会的回馈，只有互相扶持、互相帮助，让善良与爱在社会流动，我们才能创造一个美美与共的社会。

·4·
德薄而位尊，实乃人生大忌

南怀瑾大师曾经指出，人有三个基本错误是绝对不能犯的，一是德薄而位尊，二是智小而谋大，三是力小而任重。但是现实中常常遇到的情况是：德薄位尊者都以为自己德厚无边，智小谋大者都以为自己智大若海，力小任重者都以为自己力可擎天。南怀瑾大师的话甚有道理。有很多人以为自己德行出众，心安理得地居于高位，丝毫不受约束地胡作非为。却不知，德薄而位尊，是人生大忌。如果不会谨言慎行，修养德行，终会让自己摔个粉碎。

修行养德，求真求实

我们可以看到，现代社会中许多人行事并不符合南怀瑾大师提出的原则。他们追求声色犬马、虚假声誉，欲望无限膨胀，并在与自己实际能力不符的位置上逞强。社会风气所至，即使在本应严谨踏实的文化学术界，也有很多浮夸的知识分子，假学历、假文凭、假论文大行其道，泛滥成灾。德行微薄却身处高位就像行走在钢丝上，根基不稳，脚底打滑。身处高位的人具有很大的影响力，如果没有很好的德行，可能不单单是不能服众那么简单，还可能会跌得粉身碎骨。

举个例子来说，2013年，南京大学的院士候选人王牧教授在科学网的个人博客上发表博文称，他的课题组发现以闻海虎教授为通讯作者、发表于Nature Commun刊物上的一篇论文涉嫌造假，并于9月15日向中科院数理学部实名举报。王牧教授还在博客中提出，“10月13日教育部委托南京大学进行调查；10月14日科学院进行了独立调查。至此该事件调查程序正式启动。10月16日我向几位推荐人发了关于退出院士增选的信件”，并同时退出了院士的增选。闻海虎在这件事中没有冤屈，他确实是弄错了实验数据。这件事情带来很大的社会影响，在网民中激起千层浪。闻海虎作为物理学界的知名学者，却没有严谨遵守科学道德，最终造成了极坏的社会影响，由此可见处于高位时坚守德行是多么重要。

名为公器，不为私利

“名为公器”是十分严肃的行规，南怀瑾先生曾经引用《庄子·天运》中的一段话来论述这个问题：“名，公器也，不可多取。仁义，先王之蘧庐也，止可以一宿而不可久处。”也就是说，名声是公共的东西，是不可以多取；仁义是先王留下来的供休息的房子，只可以住一个晚上，不可以久久停留。唐代诗人白居易对此也有自己的感悟，他写过一首名为《感兴》的诗，说：“名为公器无多取，利是身灾合少求。”他认为利益不宜贪求，否则会招致灾祸。

中国古人是讲“人本”的，庄子说“人一生与忧俱生”，认为“人是同忧患一起降生到世上的”；还有一句俗话说“人生不满百，常怀千岁忧”，可惜很少有人能真正思考借鉴这些警言并认真对待。从这个方面来说，孔子虽然没有如自己所希望的那样最终获得高位，但是他自有高明之处。早年孔子周游列国，有志于为官治理天下，施行仁义，但到处碰壁。在那个诸侯混战的年代，没有哪个君主真正关心仁义，他的才学终究没能得到施展。他自惕于名位，最终还是退下来讲学，并为此叹息：“手无斧柯，奈龟山何！欲望鲁而不见，归而任教。”孔子这番叹息，是因为清楚地知道自己无名正言顺的职位，想在鲁国从政而不可得，只好回头从事教育，以培养教化年轻的学生。最后在他培养的三千弟子和七十二个贤人中，有不少是治国、治商、治学的良才。他所主张的政治和学术思想也随之传播开来，遍地开花。

人贵有自知之明，要对自己能力、德行以及所处的位置有一个清醒的认识。一个人如果有幸得以居于高位的话，就要懂得体恤下属、自我收敛、尊重规范，而不是利欲熏心、贪得无厌，最终把自己送上不归路。正所谓厚德载物，对于身处高位的人尤其如是，因为一个身处高位的人的一举一动都会被放大，任何有失于德的小举动都会带来不可预见的影响。比如国家领导人礼貌待人这些小小的举动，可能会被上升到国家形象的层次，更会影响到一个国家的风气。空穴不来风，一个人如果没有问题的话，公众和媒体是不会对之纠缠不休的，只有谨言慎行，才能真正地安处高位。

·5·
以真诚为土壤，绽放生命之花

世道艰险，太多人为了自己的生存利益而选择欺骗别人，以谋求自身的发展，真诚的待人处事的态度好像早就被世人遗忘。每个人都应该学会真心诚意地待人接物，不论与什么人同处，总要凡事真诚，存真诚的心，说真诚的话，做真诚的事。

不玩手段自高明

南怀瑾大师在讨论真诚的人生态度时指出：“人类的生存也共同，

可是人类忘记向这个共同的目标而努力，外加自己心理及各种的欲望，以致社会有作伪，有虚假，有钩心斗角。‘伪成则真不丧者，未之有也。’社会上有了伪造的东西以后，生命的真就丧失了。可是你们要注意……有最高的诚恳，就是最成功的人。所以我常常告诉青年同学，不要玩花样、玩手段，这一百年来我们看得清清楚楚，世界文化的交流发展，人人玩手段，玩聪明，一个赛一个。尤其我们老头子看来，现在年轻人越来越诡，手段越来越高，比我们这些老头子还老，老奸巨滑到了太上老这个程度。将来什么人成功呢？一个笨人，一个不玩手段、对人做事非常诚恳的人。这是天地的法则。”

南怀瑾大师通过《论语》中定公和孔子的对话来论述真诚的人生态度的问题。定公问：“君使臣，臣事君，如之何？”孔子对曰：“君使臣以礼，臣事君以忠。”南怀瑾大师联系春秋时期的社会状况，指出当时上上下下一片混乱，乱到持德者寡，用术者多，所以孔子提倡仁、孝、道德。玩手段可能会使人获得一时的利益，但是在长时间的玩弄手段之下一个人会逐渐失去他人的信任。南怀瑾大师指出：“还不如规规矩矩、诚恳的好，如果把真正的诚恳当作手段，这个手段还值得玩，这也是最高明的。这六十年来的变乱，对于手段，谁都学会了，谁要玩几套手段，别人没有不知道的。”他认为：“只有老实人最可爱，讲道德的人才是最可爱，最后的成功还是属于真诚的人，这是千古不移的道理。我们从现实生活中，也可体会得出来。”

所以说，不玩手段不是因为不懂得如何要小聪明，而是因为懂得真诚待人的大智慧，懂得不玩手段自有它的高明之处。

真诚待人，不谋回报

所谓真诚待人，指的就是掏出真心来对待他人，不行欺蒙拐骗之事。但是以真心待人不一定能得到同等的回报，这时候是否仍然真诚待人，就取决于一个人的品性修行是否到了君子的层次。

相传舜的遭遇极为不幸，舜生活在“父顽、母嚣、象傲”的家庭环境里，父亲心术不正，继母两面三刀，弟弟象桀傲不驯，几个人串通一气，欲置舜于死地。然而舜对父母不失子道，十分孝顺，与弟弟十分友善，多年如一日，没有丝毫懈怠。环境如此恶劣，舜却能表现出非凡的品德，因为能对虐待、迫害他的父母坚守孝道，故在青年时代即为人称扬。过了十年，尧向四岳征询继任人选，四岳就推荐了舜。

舜得到了尧的赏赐，这让他的父母和弟弟很是眼热，处心积虑地想杀掉舜，霸占这些财物。父亲让舜修补仓房的屋顶，却在下面纵火焚烧。后来又让舜掘井，井挖得很深了，父亲和弟弟却在上面填土，要把井堵上，将舜活埋在里面。幸亏舜警觉，幸免于难。舜没把这些放在心上，一如既往地孝顺父母、友于兄弟，而且比以前更加诚恳谨慎。

尧十分欣赏舜待人真诚不计较的态度，于是让舜参与政事，管理百官。舜将政事处理得井井有条，显示出他过人的治国方略和政治才干。事实上，舜的治国才能是建立在“真诚”二字之上的，他用真诚的态度打动了冥顽不化的父母和弟弟，也使得他的臣民为之折服。

如果舜不是以真诚的态度来处理家庭关系，那么他很可能成为家庭斗争的牺牲物，不仅损害了自己的胸襟和气度，也留下了坏名声。而他以真诚的态度来浇灌情感之花，最终使得冥顽不化的家人有所感怀，并且使得百姓乐意归顺，还得到了尧的赞赏。

真诚是一种消除人与人之间摩擦的润滑剂，是一座沟通彼此间心灵的桥梁，是一束消融彼此间猜疑积雪的阳光。以真诚待人，会让你在别人眼中成为一个毫不做作的人；以真诚待人，会让你更加美丽；以真诚待人，会让你更有内涵。真诚的人生是美好的，虽然不一定轻松，但真诚待人却一定能换取别人的尊敬和回应，让我们以真诚为土壤培育生命之花！

·6·
以德报怨是正道

以德报怨是道家的思想，出自《老子》。南怀瑾大师说过，以怨报怨是下策，以德报怨才是上上之策。智者能做到以德报怨，从而赢得对手的尊重；愚者只会以怨报怨，输掉做人的底线。大师强调，遇到小人，不要“以其人之道，还治其人之身”，这样只会降低做人的品格，冤冤相报何时了，而是要用爱心去感化他，用胸怀去感动他。

以德报怨是做人之根本

《圣经》中带领以色列人出埃及的摩西曾说过“以牙还牙，以血还血”，然而这种以怨报怨的做法却导致了极端的后果。第一次世界大战之后德国战败，英法乘机漫天要价，提出非常过分的索赔条款，激化了德国民族的怨恨之情，希特勒再次崛起，将民族的怨恨加倍施压给敌国，让整个欧洲都蒙受阴影。由此可见，以怨报怨是最不可取的，是被怨恨蒙蔽了双眼后的愚蠢做法。

耶稣曾说：“有人打你的右脸，连左脸也转过来由他打。有人想要拿你的里衣，连外衣也由他拿去。人强逼你走一里路，你就同他走二里。”可见耶稣也是主张以德报怨的。

有一个卖砖的商人名叫卡尔，生意做得顺风顺水，竞争对手由此眼红，到处散播卡尔的谣言，告诉卡尔的客户说卡尔公司的砖的质量存在问题，这样的恶意污蔑让卡尔的公司陷入困境。当卡尔得知是竞争对手刻意为之后，心中生出无名之火，真想“用一块砖来敲碎那人肥胖的脑袋作为发泄”。

陷入怨恨深渊的卡尔走进一家教堂，牧师正在讲述如何施恩给那些故意为难你的人。卡尔认真耐心地听了牧师的讲述，陷入了沉思。

恰巧此时，卡尔发现住在弗吉尼亚州的一位老客户正在盖一间办公大楼，需要一批砖，而指定的型号与竞争对手出售的产品类似。这使卡尔感到为难，是遵从牧师的忠告，告诉对手这项生意的机会，还是按自己的意思去做，让对方永远也得不到这笔生意？卡尔的内心挣扎了，牧师的忠告一直盘踞在他心田，虽然竞争对手的谣言让他损失惨重，但牧师以德报怨的理念让他最终选择拿起电话拨到竞争对手家里。

当卡尔礼貌地告诉竞争对手有关弗吉尼亚州的那笔生意的消息时，竞争对手非常感激，甚至惭愧到一句话都说不出来。卡尔并没有指责竞争对手，却接到了竞争对手的道歉，竞争对手不仅停止散播谣言，更是将他接到的生意主动分享给卡尔。卡尔的心里也比以前好受多了，他与对手之间的阴霾也一扫而光。正是卡尔的以德报怨、化敌为友，才能将竞争转换为共赢。

以德报怨亦是治国之道

古代贤者常常将以德报怨作为修身养性的重要内容。面对别人给予的恩惠，心怀感激地回报，这是常人都能做到的。南怀瑾大师就曾说过，真正的君子，是面对别人的中伤，仍然能做到心怀宽容地去感化。以德报怨不仅可以化解人与人之间的矛盾，也是历代圣明君王的治国之道。

梁国和楚国的边区都盛行种瓜，梁国人不怕辛苦，每天都起早贪黑地浇灌呵护，瓜长得特别好；而楚国人却因为偷懒，没有按时为瓜进行灌溉，导致瓜田颓废。楚国人非常嫉妒梁国人种瓜的技术，看不惯梁国瓜田丰收，就趁天黑偷偷地跑到梁国破坏瓜田。

梁国人发现所有的瓜田一夜之间全被毁掉，都很生气，纷纷跑到县令那里告状，也想偷偷去破坏楚国的瓜田来报复他们。县令宋就严厉地呵斥了前来告状的梁国人，说道：“如果我们也去破坏，那就是在结怨，别人做坏事，我们也去做，那我们不也成了气量狭隘的小人吗？”

宋县令命令梁国人每天夜里都去楚国瓜地浇灌。时日一长，楚国人发现瓜田越长越好，对此感到非常奇怪，就暗中观察，这才发现原来是梁国人在帮忙种瓜。

楚王知道此事后，面对梁国的暗中礼让感到非常惭愧，于是用优厚的礼物道歉，请求与梁王结交，两国的友好关系也由此开始。

这就是南怀瑾大师所说的，以德报怨，因祸得福。正所谓福祸相依，当面对伤害的时候，不要总想着如何去反击，如果能坦然面对，回报更多的宽容，反而能获得意外的收获，也就是“送我以木桃，报之以琼瑶”。

以德报怨不仅是一种美德，更是一种智慧，予人玫瑰，手有余香，正是如此。常以善待人，以德报怨，必会积累福报，悟出此番道理并付诸行动的人，必能受其益，知其妙。愿有造化之人沐浴在福光之中。

·7·
财富只是表象，德行才是根本

南怀瑾大师曾为浙商讲财富观，认为钱财乃身外之物，财富易手都是很平常的事，一切的名誉、地位都是表象，德行才是根本，厚德才能载物。要明白财富是天下共有的，而心中有德才真正是属于自己的，正所谓“穷则独善其身，达则兼济天下”，也就是说，不得志的时候要管好自己的道德修养，得志的时候要努力让天下人都能得到好处。

“德”是为人处世之根本

南怀瑾大师认为，德行是做人的根本，要一直修养道德。注重德行，内心才会强大，表现出的行为才会有教养，才能赢得大家的尊重。老祖宗的古训教育我们要懂得忠孝仁义、礼义廉耻，这是古人之德，人之所以不同于动物，就是在于人有思想，懂得修养德行。

春秋时期，晋国的正卿韩起向大夫叔向抱怨道：“我虽然名为正卿，却没有正卿的收入，穷得连与别的卿大夫应酬往来的费用都没有。”韩起本以为叔向会同情他，想不到叔向反而拱手相贺。

韩起有些气愤地问他：“我如此窘迫，你非但不同情我，反而恭贺我，这是为何？”

叔向用晋国的一个历史故事回答韩起。晋国历史上有两个人物，贫而有德的栾书和富而无道的郤至。栾书曾是晋国的上卿，按理俸禄为500顷土地，但是他却连100顷都没有，甚至穷得家徒四壁，根本不像是在朝中做官的人。但是他并没有因此而怨恨颓废，反而更加注重道德的修行，后来他以德行素养赢得了老百姓的尊敬和爱戴。反观郤至，身为晋国的正卿，个人财富达到国家收入的一半，但他仍然觉得自己财富不足，权力不够，贪得无厌，依仗自己的地位胡作非为，鱼肉百姓，最后因贪念激起民愤而死无葬身之地。

听完这个故事，韩起恭恭敬敬地向叔向跪下叩头，并感激地说道：“我不应该只看到钱财，而忽略自身的德行，德行才是立身兴国之道啊。您的一席话真是点醒了我，钱财都是身外之物，我应该像栾书一样注重自己的修养，这是造福子孙的事情啊。”

孟子曾说：“故仁人之寿者，外无贪而内清静，心平和而不失中正，取天在之美以养其身。”南怀瑾大师强调：“德者本也，财者末也。”修德是立身之本，钱财是末枝，德行比财富更重要，不应为贫穷而懊恼，而应像栾书那样树立修养德行的信念，这才是长久之计。修养德行就是不强求富贵名利，不强争财情意气，在日常生活中注重培养自己善心仁厚、重义轻利、乐善好施的德行，才能成为真正的德高望重、受人敬仰的人。

财富要靠德行来管理

南怀瑾大师常说：“伦常乖舛，立见消亡；德不配位，必有灾殃。”也就是说，德行不够，就算腰缠万贯，也会无福消受。财富是不坚之物，如同水一样是流动的，只有德行才能控制水流的方向。

蒙牛集团的创始人牛根生，从四十岁的无业游民到如今的商业巨头，就是靠坚信“小胜凭智，大胜靠德”的人生理念。牛根生从小家庭贫困，是吃百家饭长大的，但是这并没有磨灭他的意志，反而促使他形成了感恩、宽容的优秀品质，这也是他能够快速成功的根基。

牛根生一直提倡共赢，这也体现出他的胸襟之广、格局之大。在蒙牛快速发展的时期，他并没有独占市场，而是将目标放在让大家喝到放心奶上，主动让利于市场，与竞争对手伊利统一战线，共同打造牛奶的大市场，他用他的宽厚德行赢得了竞争对手的尊重。

牛根生相信“财散人聚，财聚人散”的理念，并一直践行。2005年，牛根生将自己的全部股份捐出，用来奖励对蒙牛发展做出突出贡献的人，同时帮助公司里的贫困员工，明确指出自己的家人都没有继承权。将自己的股份全部捐出用于慈善事业的，牛根生是全球第一人。从白手起家到创造财富帝国，后又选择身无分文，他用自己真实的人生教会我们如何用德行管理财富，用财富养育德行。

司马迁说过："富无经业，货无常主。"南怀瑾大师认为，财富并不会永远属于一个人，钱财是分为五份的：第一份要给政府；第二份是盗贼的；第三份属于你的疾病；第四份属于你的家人、兄弟、朋友，除了这些，你只剩下五分之一。就这五分之一还并非你的所有，你只可以临时支配使用而已，所以对财来财去不必耿耿于怀。正所谓"富不过三代"，唯有德行才能流传千古。只有积累德行，才能承载万物，德行高才能守得住福报。

"有德此有人，有人此有土，有土此有财，有财此有用。"我们要时刻注意自己的行为，精进我们的德行，这样才能获得更大的福报，这才是真正的财富。

Part 6

人无泰然之习惯，必无康泰之身体

——南怀瑾谈养生哲学

身体是革命的本钱，没有康泰的身体，一切宏图大志、雄才大略都无从谈起。养生不是百米冲刺，在一定时间内达到指标之后就可以置之不管，它是渗透在日常生活的每一个小细节中的马拉松。一个人若无养生的意识和维护身体健康的习惯，就难以逃避病痛的困扰和折磨。养生，既要让心神清净，又要管理饮食、增强体魄，将自己的一举一动置于严密的控制和考虑之下。养生是一门认识自己的身体脾性、了解自己的生活方式的大学问。

·1·

放慢脚步，静静欣赏自然之美

南怀瑾大师说，现在的社会很浮躁，在快节奏的生活中，人的感官也逐渐变得麻木起来，很难真正体会到生活的乐趣。他常教育学生说，不要把名利当作衡量社会地位的标尺，获得名利并不等同于获得快乐，人生苦短，我们应该学会享受有限的生命过程。南怀瑾大师在人生高峰的时候隐退，归隐到山里修行，让自己放慢脚步，安静地欣赏自然之美，欣赏人生的另一番风景，从而获得了不同的人生感悟。

放慢脚步，找寻一个自然的世界

朱自清的《春》、三毛的《夏》、罗兰的《秋颂》、矛盾的《冬天》，都在向世人展示自然的魅力。阳光明媚的春天，风景秀丽的夏天，云淡风轻的秋天，白雪皑皑的冬天，四季悄然更替，充满了耐人寻味的美感。

自然的世界永远都是那样充满了迷人的色彩，正如南怀瑾大师所说，我们快步走在路上，已经忽略了去欣赏沿途的风景，应该放慢脚步，张开双臂，拥抱美丽的大自然。

著名的《桃花源记》中描写的世外桃源非常令人向往，陶渊明把桃花源描绘成一个鲜花盛开、绿树成行的人间仙境，也寄托了他自己的美好向往。陶渊明早年不得志，直到四十一岁时才被推荐当了县令，然而受时局的影响，加上自己一身傲骨，他在官场上始终郁郁寡欢，既政绩寥寥，也没有创作出好的诗词。后来，陶渊明选择辞官归隐山林，在家饮酒赋诗，琴书自娱，生活清闲，尽情享受农田生活的美好，反而有一种重获自由的怡然自得。他归田后的二十多年，是创作最丰富的时期，主要作品有《归去来辞》、《归园田居五首》、《桃花源记》、《饮酒二十首》、《挽歌诗三首》等。

有一对“80后”小夫妻，毕业于西安医学院，他们厌烦了烦烦扰扰的都市生活，决定移居山林，实现他们治病救人的梦想。他们居住的小院被竹林环绕，分外别致。院落里老式的木板门边贴着一副对联：“归园山居烹药引，竹影花香静练丹。”门头上挂着一块木板，上面写着：“如是医庵”。他们每天采药，熬药，治病救人，乐在其中。让小两口更高兴的是，自从住到山里之后，他们的身体变得更加健康，曾经的病痛也缓解了不少，心情和生活态度也都变了。

从旭日东升中感受成长的力量，从和风细雨中感受自然的美丽，在湍波激流之下，不受侵扰，保持安宁。也许，这样的人生才是生命最为宽广的地方。上医医心，舒适安静的自然环境能给人以心灵上的洗礼，这比任何灵丹妙药更能延年益寿。

放慢脚步，顺其自然地享受生活

百岁老人、著名书画家袁晓园有一首《百岁感怀》：“不拜耶稣不参禅，不信气功不练拳。人间哪有不老药，顺其自然过百年。”

长久以来，长寿是人们珍惜生命、挑战衰老的普遍愿望。袁老虽过百岁，却依然神采飞扬，才思敏捷，每日还会聚精会神伏案书写，且挥洒自如，遒劲有力。大家常常问她长寿的秘诀，袁老说，越是不怕老就越是偏不老，最重要的是要学会顺其自然。这与袁老的随性的作品韵味一脉相承。

南怀瑾大师说，生命中许多东西是不可以强求的，真正的精彩反而隐藏在淡泊从容的人生当中。

有这样一则寓言故事：三伏天，禅院的草地上枯黄了一片，小和尚觉得很难看，就恳求师傅快一点播撒种子。师傅说：“随时。”中秋时师傅买了一包草籽，让小和尚去播种。恰好一阵秋风吹过，将草籽吹散了，小和尚着急地喊道：“不好了！好多种子都被风吹飞了！”师傅只是淡然地说：“不要着急，随性。”眼看着飞来几只小鸟啄食草籽，小和尚急得直跳脚，师傅说道：“随遇。”

半夜一阵骤雨，小和尚一早冲进禅房，大喊：“师父！这下真完了！好多草籽都被雨冲走了。”“冲到哪儿，就在哪儿发芽！”师父说，“随缘。”没过多久，原本光秃秃的地面居然长出许多青翠的草苗，一些原本没播种的角落也泛出了绿意。

其实，做事不要过于执念，如同手里握着一把沙子，越是刻意握紧，越会失去更多，不如放松心情，顺其自然，自会有意外的收获。

生活就是一种缘分，有时候命运喜欢开玩笑，越是刻意挖空心思去追求一样东西，反而不能如愿以偿，更会让人陷入一个怪圈，最后导致身心俱疲。真正的智者始终坚持随遇而安、知足常乐的理念，不去强求不属于自己的东西。

顺其自然不是逃避人生，而是一种慢生活，是洞悉人生的大智慧，是对人生的喝彩和礼赞。世界的一切都是自然的产物，若想不枉此生，请放慢自己前行的脚步。放慢脚步，夏花定会灿烂，秋叶必将静美，人生更会与众不同。

·2·
静坐修道，心神不老

静坐修道是佛家弟子的必修功课，佛教讲“时时勤拂拭，勿使惹尘埃”，指的就是在修道的过程中要时时刻刻注意拂去心上的尘埃。对于凡俗弟子而言，静坐修道也是一门保持心灵纯洁和年轻的功课。

时时勤拂拭

修道的过程看似十分玄妙，其实说白了就是静静地坐着，抛弃一些世俗的念想，专心致志地思考一些不那么贴近生活的、形而上的问题，与冥想、玄想非常类似。修道的过程是让人摆脱日常琐碎事务的困扰，比如房子、车子等诸多现实问题，让心灵自由自在地徜徉，从而感悟生命的能量。抛弃日常琐事的思考是非常困难的，这些琐碎、世俗的东西就像苍蝇一样，一刻不停地给人带来烦忧，让人把大部分的光阴都耗在上面。但是如果一个人愿意停下忙碌的脚步，静坐修道，静默思考，就能获得别样的收获。

南怀瑾大师在讲到禅修的问题时曾经提到，在宋代《高僧传》中记载了很多位名僧，他们入定七百多年而肉体不老，之所以能做到这一点，就是因为他们在静坐修道时参悟到了生命的真谛，从而保持心神的年轻，肉体也随之保持年轻。而根据科学实验，一个人在心平气和、心神宁静地静坐的时候，血压、心跳等各项指数都会降低，肉体会得到真正的放松。

然而，静修最大的意义还是对于心神而言的。如果一个人因为各种事务耗费心神过多，年纪轻轻就可能进入早衰状态，对什么事情都持以悲观的态度，丢失了最初的乐观。而静坐修道就是一个重拾内心平静和充盈的过程，它提供给人一个反省生活、反省内心的机会，也会让人发现藏而不露的能量，发现前进的信心和勇气。

静修问道

庄子曾经借孔子和颜回对于“道”的讨论来论述修道的方法：心斋。心斋指的就是静坐冥想，然后在此过程中忘掉人生的种种，诸如生死富贵等，最终达到一种内心纯然无物的境界。当然庄子所谈论的境界过高，一般人是无法达到的，但是他毕竟为我们指出了静修问道的几种不同的境界，给我们的静修提供了参考。一个人在世界行走，面对不同的人和事，逐渐会产生一些灰色的、不那么体面的甚至卑鄙的想法，尤其在竞争激烈的现代社会，这样的想法一旦在人的心中生根发芽，就会渐渐地改变人的属性和本质，内心也会逐渐被黑暗侵蚀。

问道的过程，简单来说，就是朝向人生的真善美的过程，就是回归一个人本真的、最初的赤子之心的过程。在这个过程中，一个人要逐一反省身上的坏毛病，例如不与人为善、对长辈不尊敬等等，当意识到必须要做出改变、以自己的行为为耻的时候，就是一个人取得自我超越和进步的时候。换句话来说，其实问道就是“吾日三省吾身”的过程。为什么要在静坐中反省自己呢？因为当耳边没有嘈杂的声响时，人更容易倾听自己内心的声音，更容易接近内心深处的想法，更容易发掘到本真的自我。

举个例子来说，为什么陶渊明最终选择归隐山林呢？“不向五斗米折腰”当然是一个理由，他不愿因为物质上的生存而牺牲自己内心的自由，但是更重要的是，他想要一片宁静的环境好好养心。“采菊东篱下，悠然见南山”，这就是一种静修的境界。因为内心的安宁，他忘掉了时间，也在天地之间忘掉了自我，与万物同在。这样的境界不是一个侍奉权贵、流于世俗的人能够认识和感悟到的。因此陶渊明即便到了晚年依然有丰富的灵感，写诗如赤子，写的都是一片磊落心怀，不掺杂半点的虚情假意。同样地，像宋代的林逋、明代的张岱，都出于相近的理由选择归隐山林。山林既是隐居之地，也是安放心灵、让心神能够真正放松和宁静下来的地方。

在现实生活中，我们不能撒手隐居，抛开一切世事不管不顾。更多的时候，我们被杂事纠缠，同时又渴望喘息和放松的机会。真正放松心神的方式不是纵情娱乐、声色犬马，也不是蒙头大睡或者宿醉一场，而是通过静修来反省自己，帮助自己认清现状和做出选择，以获得面对未来的勇气和信念。因此，即便不信佛、不信道，普通人也可以通过静修的方式来放松自己、认识自己进而超越自己，也可以在繁忙拥挤、喧嚣聒噪的日常生活中获得一份别样的、深刻的宁静。

·3·
养生中的中庸之道

现代人已经开始重视自己的身体健康，希望在繁忙的工作和快节奏的生活中保持身体充满活力。“养生”不仅是老年人关注的话题，现在也逐渐成为中青年探讨的问题。不同于西医，中医所说的养生，指的是从生活的饮食起居来改善一个人的体质和身体状态，其中的阴阳转化、寒热燥湿等将人的健康与自然的运转变化联系在一起。这样看来，中医的养生也是需要符合中庸之道的。

中庸之道，道阻且长

“不偏之谓中，不易之谓庸。中者天下之正道，庸者天下之定理”，南怀瑾大师在讲解中庸之道的时候提出，中和庸是相对的而不是绝对的，比方说一样东西，它的“中”的位置并不是我们可以看见的，也没有一个准确的位置，“中庸”的思想精髓其实就在于不偏不倚的动态平衡，也就是找到平衡的受力点。就像用一只手指去顶一把尺子，不一定在尺子的中间它才能平衡，而要找到使之平衡的受力点。

每个人的体质不同，要做到中庸，就要找到这样的平衡点，使自己的身体不寒不热、不湿不躁，处于一个健康舒适的状态。每个人或者说每个家庭都有各自的饮食和生活习惯，在长期习惯的影响下，其实每个人的身体都会形成不同的体质。比方说，一个经常吃大鱼大肉却没有运动习惯的家庭，可能大部分成员都是湿热体质，长此以往偏离了中庸之道，就会造成各种各样的健康隐患，如患上高血压、糖尿病等。而一个家庭饮食寡淡，只吃蔬菜水果而极少吃鱼肉，那么家庭成员可能会是寒性体质，这样体质的人比较虚弱，身体容易疲惫。

如果想要培养健康的体质，避免出现健康问题，过和不及都是不恰当的，中庸之道才是指导饮食起居的不二法门。何谓养生的中庸之道？其实就是要保持适度的平衡，即身体的阴阳平衡，这就需要我们仔细认真地进行思考和调和。举例而言，《红楼梦》中有很多养生的知识。比如薛宝钗体丰怯热，是湿热型体质，由娘胎里带来。为了改变体质，她从小就吃冷香丸调和。冷香丸由白牡丹、白芍药等花瓣制成，加之雪水调和，是阴寒性质的东西，有助于改善她的湿热体质。而林黛玉天生娇弱，属于先天不足的类型，她吃的东西又少，营养不足，因此要吃人参养荣丸来补气，还要经常吃炖燕窝来滋补身体。假设调换一下，让林黛玉吃冷香丸，薛宝钗吃人参养荣丸，那么二人的命运可能就会是“明媚鲜妍能几时”，“花落人亡两不惜”了。

饮食起居，中庸为上

既然中庸之道对维持人体平衡这么重要，那我们在养生的问题上如何恪守中庸呢？

首先，要了解自己的起居习惯，摸清自己的体质。如果经常流冷汗、夜里睡觉常做噩梦，那可能是寒凉体质；如果体丰怯热、经常静坐或者躺卧而很少运动，那么可能是湿热体质。此外，还要了解自己的饮食爱好，是喜欢吃肉还是吃菜，以及运动量的多少等，这些都需要进行考察和记录。

其次，一个人要懂得顺应天地四时的运行来安排自己的饮食起居。所谓“冬吃萝卜夏吃姜”，冬天是进补的季节，要多吃羊肉、红枣等补身体的东西；夏天人流汗较多，要及时补充电解质，还要经常喝酸梅汤一类的开胃饮品。根据季节的变换来调整自己的食谱以及生活作息，能够减少外部环境变化对身体的影响。所以说中庸其实不仅是人体内部的平衡，也是人与自然的平衡，把这些因素都协调考虑好，才能真正谓之中庸。

中庸不代表平常或者平庸，它强调的是刚好能保持平衡的、微妙的节点，不偏不倚。这样的尺度实际上是很难把握和权衡的，需要一点点地进行精细的考量。所以说中庸其实是一门大学问，尤其是养生的中庸之道，因为关涉到身体的健康，更需要仔细地斟酌和把握。并且，身体的阴阳协调在大多数情况下都没有硬性的数据指标可供参考，而是要靠细致的观察和细密的考虑，因此说，养生的中庸之道较之一般的中庸之道更为深奥，需要人用一生的时间去领会和感悟。

·4·

止于至善，颐养天年

《大学》在开篇就开宗明义地写道："大学之道，在明明德，在亲民，在止于至善。知止而后有定，定而后能静，静而后能安，安而后能虑，虑而后能得。物有本末，事有终始。知所先后，则近道矣。"这段话的后半段，就是讲述"止于至善"的部分，说的是懂得停下来才能稳定，稳定后才能冷静，冷静后才能平心静气，平心静气后才能仔细考虑，仔细考虑后才能有所收获。也就是说，从"止于至善"到"有所得"，《大学》在这里论述的是调整心境和状态的细微过程。一个人的一生忙忙碌碌，要懂得止于至善的道理，才能颐养天年。从《大学》的论述中可以看到，"止于至善"的重点不在于"至善"，而在于"止"，因此它跟人生晚年颐养天年的状态是相符合的。

盈亏有道，懂得进退

正如月有阴晴圆缺，花有朝开夕落，每个人的人生都有起伏和波澜。人在年轻的时候为了远大的理想或者改善生活条件而奋斗不已，但是到了晚年，身体开始走下坡路，就会开始领悟"止"的道理。如果前半辈子竭尽所能地奋斗过了，那么就会明白自己其实已经达到了所能达到的、至善的状态，即使重来一次，结果也不会比现在更让人满意。“至善”之下，要懂得“止”，就是不再奔忙劳碌、终日营营，而是停下脚步，舒心地过平静安宁的晚年生活。

以对中国文化影响最大的两位先贤为例子。孔子的前半生一直奔走于列国之间，试图说服诸侯国的君主接受他的政治主张而把仁政推行至天下，然而在征战频繁的春秋时代，国君们虽然也会为仁爱的美好理想而心动，但是他们更渴望发展军事力量以获得更多的土地，因此孔子在各国碰了一鼻子灰之后又回到自己的家乡。但是孔子是一个有大智慧的人，他明白自己其实在推行仁爱之说上已经尽了最大的努力，已然问心无愧。“至善”的关键其实不在于结果，毕竟结果牵涉到很多自身之外的因素，而在于自己是否竭尽全力去做到最好。孔子知道自己已经达到了“至善”的境界，因此便安安心心地在家乡教授弟子、著书立说，晚年也可谓是过得有滋有味。而道家学派的创始人老子也是如此。尽管对于老子最终的归宿众说纷纭，流传最广的说法是他骑着青牛出关，从此逍遥人间，留得一部让后世捉摸不透的《道德经》。对于老子而言，“止于至善”指的是他意识到自己的智慧已经达到顶峰的状态，将自己桎梏在关内已经了然无趣，因此才选择“挥一挥衣袖”，只身出关。孔子与老子尽管在学术上有很大的分歧，但是在对晚年生活状态的选择上无疑都体现了大智慧。

天将厚其福而报之

南怀瑾大师在论述持与盈的关系时引用了儒家这句十分经典的话：

“天将厚其福而报之。”这句话和“厚德载福”的意思相近，即一个人如果一辈子做了很多善事，德行很好的话，那么上天就会给他很多的福气。如果结合“止于至善”来理解，就是人一辈子在行德的道路上要做到尽善尽美，才能得到上天的眷顾，从而获得晚年的幸福美满。这虽然有一点佛教因果论的意味，但其实是有道理的。中国人爱讲“积德”，一个人做善事做得比较多，即便不讲“人在做，天在看”，“人在做”的时候其实人也在看，行善事的过程也是积累人气、赢得别人的尊敬和信任的过程，这样当你需要帮忙的时候别人就会挺身而出。因此，能在善行上“止于至善”的人才能真正做到颐养天年。

举个例子来说，江苏的胡汉生老人一直以修车为生，收入菲薄，但他一直坚持捐款行善。每次修车他只能挣一块钱，每攒够一万块，他就把积蓄下来的钱捐出去。在他的感染之下，当地成立了“汉生爱心互助协会”，收到来自各方的捐款40多万，老人晚年也得到了来自社会的关爱，他用爱心辐射了社会，感动了社会，社会又反过来给予他回报，他的晚年得到照顾，而他一直萦绕于心的让更多的人受到关爱和帮助的心愿也得以实现。因此说，胡汉生老人在行善的道路上达到了“至善”的高度，因此得到了社会的尊重和认可。

“止于至善”是一种难能可贵的生命态度，也是对自己曾经的努力能够做出百分百肯定的勇气和自信。一个人如果对自己的过往无憾于心，那么他当然值得过安宁祥和的一生。人生奋斗的目标应该定在“至善”，但是在生命的最后时刻享受安宁的光阴也可以成为前半生拼搏的一种激励。

·5·

神不正，心不净，病将至

现代人习惯了西医体系，对中医知之甚少甚至持有怀疑态度。实际上中医博大精深，背后有着十分复杂的中国传统哲学观念。正如南怀瑾大师在阐释佛学道理和道教学说时反复强调的，一个人的心神与他的身体健康状态是有着极大的关系的。

精、气、神、心

南怀瑾大师曾经指出，道家所提出的精、气、神，以科学的观点，从人类生命的身心来讲，是属于形体机能的眼、耳、心的精神作用；神的表现与应用，便是目光视力的功能；气的表现与应用，便是耳朵听觉的功能；精的表现与应用，便是心的运思与身的本能活力。如果从天人一体的物理功能来讲，神、气、精三种，便是光、热、力的作用。

他又从哲学的理念来进行讨论，道家所谓的神，便是相近于佛家所谓的性；道家所谓的精，便是相近于佛家所谓的心，所以唐代翻译佛经的《楞严经》，便有“心精圆明”等词句；道家所谓的气，便是相近于佛家所谓的息（呼吸），是属于后天生命形身的作用。

南怀瑾大师通过这两方面讲解把佛道和中医的知识结合起来，十分透彻地说明了精气神心与人身体之间的关系。中医认为，人的身体受到心神情绪的影响，同时又会反过来影响人的心绪。后者在这里先暂时不加以讨论，而将前者，即心神如何影响一个人的身体状况作为论述的重点。林黛玉为什么常年受疾病困扰？这当然与她先天不足有关，但更重要的是，根据曹雪芹的描写，林黛玉是个心眼特别小、事事放在心上的人，也就是“神不正，心不净”，她忧虑的事情实在太多，积微成著，积忧成疾。与之相反，史湘云在襁褓中就成为孤儿，境遇跟林黛玉相差无几，甚至还不及林黛玉，但是史湘云心思比较少，大大咧咧的性格使得她能够笑对生活中的一切不公，因此她一直十分健康，与林黛玉病怏怏的状态形成鲜明的对比。

因此说，如果不想使身体受疾病困扰，除了在饮食和锻炼上直接调整身体的输入输出之外，很重要的一点就是调节自己的心神，不可思虑过多，也不要被鸡毛蒜皮的小事困扰。

大彻大悟，明心见性

南怀瑾大师在谈到心神与身体时还说过一句很有哲理的话：“大彻大悟、明心见性才能发起真正的神通。”这句话看似玄妙不易理解，其实讲的还是心神相关的道理。也就是说只有心神是纯正和干净的，这样的状态就如同婴儿一样不受污染，内心无尘无垢，身体也能在心神的调和下获得充满活力的状态。试以《射雕英雄传》里的周伯通言之。周伯通一直被称为“老顽童”，他有一颗天真烂漫的赤子之心，没有烦忧，可谓心神最为纯正的人，也因此成为第一武林高手。《西游记》中的唐僧也是这样的状态，因为他心地极为纯净，没有丝毫的贪婪淫欲，所以才会拥有至阳的身躯，妖精们才争抢着要吃唐僧肉以获得长生不老。这些例子都说明了心神的纯净高贵对于身体正面的、积极的作用。

如果心神畅达通明，那么气血的运行就不会受到阻滞，这样身体也就不会受到病痛的困扰了。因此说大彻大悟、见心明性能够发起神通，也能保养身体使之不受病痛困扰。

为什么当代人特别强调减压和放松？就是因为快节奏的生活使心神承受了过多的负担，心灵中积累了太多负能量的东西，在这样的状态下身体很容易出现状况。需要及时释放负面情绪，排解烦忧，使得心神清净光明，身体自然元气充沛。如果用西医的讲法，在人的消化系统中存在着感知人的情绪的“腹脑”，一旦人思虑过多，脾胃功能就会受到影响，相应地身体就会出毛病。因此，保持心神的安宁和明净也是一门功课，这不仅是在修心，也是在修“身”，即保养自己的身体。毕竟身体是革命的本钱，不论为了什么牺牲健康都是不值得的。而要保养身体，静心养神就必不可少，否则吃多少补品都不会起作用。

·6·

放下欲念，才能轻松快乐

六祖慧能有谒：“菩提本无树，明镜亦非台。本来无一物，何处惹尘埃。”人诞生之初两手空空，最后亦须两手空空地归去，被欲望缠绕的内心正如积灰太厚的镜子，反而让我们无法认清自己，人生在世不应有太多欲求。

天下熙熙皆为利来

南怀瑾大师在谈修行时说：“勤修戒定慧，息灭贪瞋痴。”他提醒世人，贪嗔痴乃人生之大障碍，并给出了戒除的办法，即“用戒来治贪，用定来治嗔，用慧来治痴”，借此清除欲念，还内心一片宁静。

我国古代著名史学家司马迁说，“天下熙熙皆为利来，天下攘攘皆为名往”，一语道破世人追名逐利的面目。一求权倾朝野，二求富甲天下。千百年来世人对名利趋之若鹜，甚至利欲熏心，迷失了内心真正的向往，错失了与亲人朋友的真挚感情。名利作为最大的欲念，让人们神经紧张，不得安宁。

法国文豪巴尔扎克小说中的人物葛朗台，就是利欲熏心的典型代表。

葛朗台小气、贪婪、吝啬，在他眼里金钱高于一切，他对于金钱的渴望和占有欲几乎达到了病态的程度：半夜把自己一个人关在密室之中，“爱抚、把玩、欣赏他的金币，放进桶里，紧紧地箍好”，甚至弥留之际还让女儿把金币铺在桌上，紧盯着不放，如此才能感到暖和。但对钱财的执念给葛朗台带来的是什么呢？他没有享受到天伦之乐，甚至没让自己过上舒心快活的日子——对金钱的贪得无厌使葛朗台成为一个十足的吝啬鬼，尽管拥有万贯家财，却依旧住在阴暗、破烂的老房子中，每天亲自给家人派发有限的食物、蜡烛。对钱财的执念，让他的人生囿于狭隘、惨淡可悲。

南怀瑾大师有言：“三千年读史，不外功名利禄；九万里悟道，终归诗酒田园。”竹林七贤深谙此理，他们隐而不仕，在竹林之中啸咏自得，谈笑风生，畅谈玄学，这种不受羁绊的生活带给他们思考哲学和创作文学的空间。嵇康言“游心太玄”，就是靠着游心，他们在天地之间畅游，成就一段关于魏晋风骨的佳话。

一念放下，万般自在

在非洲，当地土著用一种奇特的方法来捕获狒狒：在一个固定的小木盒子里放上狒狒爱吃的坚果，盒子上开一个小口，狒狒的前爪恰好能够伸进去，可当它一旦抓住坚果，爪子就再也拔不出来了。这个捕捉狒狒的方法屡试不爽。为什么会这样呢？因为狒狒有一种习性，不肯轻易放下已经到手的东西。人们嘲笑狒狒的贪婪和愚蠢，为什么不松开爪子、放下坚果逃命？但是反观我们自身，这样的错误或许每个人都会犯。

狒狒手中的坚果，就是我们对于过去、痛苦、面子、尊严、地位等的执念，我们耿耿于怀、看不开、放不下的种种，其实无形中增添了生活的压力，让我们的处境形同紧握坚果不松手的狒狒，最后因执念而赔上了自己的人生。

南怀瑾大师的箴言或许能让执着的世人有所宽慰：“一切现象本来随时在变，你还抓什么！”茶道蕴含了许多学问，其中喝茶的动作就值得我们深思。喝茶的两个动作，分别是拿起和放下。喝茶时，人不会因为茶杯是黄金玉石制成的就一直紧握不放，也不会因为是陶瓷杯或塑料杯而拒绝拿起。把茶喝下去是目的，拿起茶杯和放下茶杯都只是自然的动作而已。人生其实也分为两个动作——拿起和放下。拿起，是为了放下；放下，是为了更好地拿起。我们要的仅是茶杯里的水，茶杯仅仅是装水用的容器。容器必须用时拿起，不用时放下。我们从喝水中得到幸福，而不是拿着茶杯时享受幸福，人生亦如是。

“青山几度变黄山，世事纷飞总不干。眼内有尘三界窄，心头无事一床宽。”如果心头常缠欲念，则无论身处何方，皆似身陷囹圄；而如果心头无挂碍，即便屈居斗室，亦如置身星辰大海。放下不可求得的东西，放下已经失去的东西，放下仇恨、屈辱、欲念，我们才能卸下压在心头的重担，身轻如燕，走向更高远辽阔的世界。

·7·

安之若素，顺其自然

昔日寒山问拾得曰：“世间谤我、欺我、辱我、笑我、轻我、贱我、恶我、骗我，如何处治乎？”拾得云：“只是忍他、让他、由他、避他、耐他、敬他、不要理他，再待几年你且看他。”这里的谤、欺、辱、笑、轻、贱、恶、骗，便是人生中种种失意的状态，而忍、让、由、避、耐、敬、不理，便是绝佳的回应态度，任尔狂风暴雨，我自岿然不动。

随遇而安，喜乐自生

人的一生当中会遭遇各种各样的境遇，无论是春风得意还是跌宕坎坷，都要以随遇而安的心态淡然处之。顺境的时候不骄纵放荡，逆境的时候不放任自流，始终清醒地认识和保持自身，就能感到人生平静的喜乐。

苏轼的好友王定国因为受到苏轼诗文一案的连累而被贬岭南。岭南是当时的瘴疠之地，被贬到彼处就代表着政治生涯基本告一段落，并且生活将非常艰辛。苏轼送别友人时，问其身边的歌女柔奴：“广南风土，应是不好？”柔奴回答说：“此心安处，便是吾乡。”苏轼感叹柔奴的豁达和洒脱，为之作词一首：“常羡人间琢玉郎，天应乞与点酥娘。自作清歌传皓齿，风起，雪飞炎海变清凉。万里归来年愈少，微笑，时时犹带岭梅香。试问岭南应不好，却道，此心安处是吾乡。”其实苏轼自己也是一个豁达洒脱之人，要不然他也不会欣赏和领会柔奴的乐观心态。苏轼年少就有治国平天下的大志，通过科举考取官职的时候也是踌躇满志、春风得意，但是当他被朋党之争等裹挟而几番遭贬斥之后，他对于政治的热度最终消减。在这样的人生处境之下他并没有选择伤春悲秋，而是吟诵出“归去，也无风雨也无晴”和“小舟从此逝，江海寄余生”这样的诗句，吟咏出自己不惧人生艰险的胸怀和气魄。在这样的心态之下，人生顿时显得开阔，虽然道路不平坦，但是若能拥有随遇而安的心态，自能展现自己的风采。

保持谦卑，得意失意皆不忘形

随遇而安还有另外一层意味，就是人在顺境的时候要懂得保持低调，不能因之而狂妄自大、迷失自我。这样的反例有很多，不胜枚举。一个出身贫寒的人通过自己的努力终于获得一官半职，但是做官后开始管不住自己的心，结果既毁了前途，也辜负了当年的一番努力。所以说在顺境时要随遇而安，时常保持一颗安宁的内心。

南怀瑾大师说：“我们都常听说‘得意忘形’，但是据我个人几十年的人生经验，还要再加上一句‘失意忘形’。有人本来蛮好的，当他发财、得意的时候，事情都处理得很得当，见人也彬彬有礼；但是一旦失意之后，就连人也不愿见，一副讨厌相、自卑感，种种的烦恼都来了，人完全变了。”南怀瑾大师的话是什么意思呢？得意让人忘形，失意也让人忘形，这都是由于没有做到宠辱不惊。被得意之时的喜悦冲昏头脑的人，同样容易被失意之时的痛苦击垮。无论是得意忘形还是失意忘形，都是不懂得安之若素、随遇而安的表现。一个真正安之若素的人会明白，无论是顺境还是逆境，自己眼前的一切不过是过眼云烟，一切最终都会结束。在这样的心态之下，顺境的张狂和逆境的失落都会显得十分可笑，保持内心的宁静才是最重要的。

刘禹锡曾作《陋室铭》以表明心迹："山不在高，有仙则名；水不在深，有龙则灵。斯是陋室，惟吾德馨。"处在简陋的屋子里面也没有关系，因为陋室主人的气质若兰、德行出众，屋子的简陋完全不用放在心上。刘禹锡生平豁达，"沉舟侧畔千帆过，病树前头万木春"、"种桃道士归何处，前度刘郎今又来"，这些抒发情怀的名句都出自他的笔下，都体现了他在逆境和顺境当中来回转换而始终没有迷失自我的心态。

儒释道三家都认可"自然之道"，因为人在自然当中存立，要懂得顺应自然，一举一动都要符合自然规律，否则就会带来严重的后果。而安之若素、顺其自然的人生态度就是顺应自然的表现，也是一个人能够很好地在不同的处境之下珍视自己生命的体现。懂得顺其自然的人能在人生的风浪中获得幸福和满足，不会轻易陷入暴躁或者沮丧的情绪当中，而是会调整自己的心情，使得内心永远保持充盈和平静。因此，"安之若素，顺应自然"才是人生的大智慧。

·8·

素食低碳，从点滴善行中获取健康喜乐

当下社会，许多人每天为生活忙忙碌碌，没有时间思考人与自然的关系，甚至没有时间关心自己的身体状态。在这样的生活节奏之下，越来越多的现代文明病困扰着从青年到老年的各个群体。而倡导低碳素食的生活，不但是一种善行，更是将健康的生活观念贯彻到生活的细节中，有助于现代人摆脱忧郁和焦虑，获得平凡日子中的喜乐。

素食低碳，也是一种善行

善行的概念很广泛，一个腰缠万贯的富翁建立一个基金会或者斥资百万建一所小学，一个路人施舍路边的乞丐一枚硬币，一个小孩救起一只受伤的小鸟，这些都是善行。但每个人生活在世界上，生活在社会中，生活在人群间，个人的存在会对他人构成影响，所以每个人都应该尽自己所能为世界贡献爱，把善行变成一种生活方式。

素食和低碳为什么也是善行呢？素食是佛家倡导的饮食观念，也是被越来越多的人认可的生活方式。提倡素食意味着少杀生，正所谓“没有买卖，就没有杀害”，人也是大自然中的一分子，因为人类的贪欲而杀害太多的生灵，这绝不是人作为“万物之灵”所应该做的。素食的生活方式意味着对于自然和其他生物的善，大自然哺育了人类，人类也应该为动植物的持续生存贡献自己的能力，而这样重大的贡献由小小的生活方式的转变就能带来。

低碳意味着绿色的生活方式。从两次工业革命以来，人类对自然的开发和破坏越来越严重，资源枯竭、环境破坏，这些都成为人类必须直面的严峻问题。而低碳生活不仅意味着对自然的善，也意味着对人类自己的善，因为只有保护好人类赖以生存的环境，人类才能够更好地在世界上存活。低碳的生活方式有很多种，以步代车、节约用电等等，都是日常生活中的细微小事，但是如果重视起来，真正将其视为成就自己、保护自然的善行，那么这样点点滴滴的爱就会凝聚起来，汇集成感染更多人的广泛的爱，最终改善人与自然的关系。

身体健康，自生喜乐

素食和低碳可以给人的身体带来很好的影响，这也是越来越多的人认可这种生活方式的原因。

首先说素食，事实上每个人一天所需的能量并不多，摄入过多的脂肪让人处于营养过剩的状态，反而会带来各种各样的健康问题。因此，采用素食的饮食习惯，是改变身体素质和健康状态的有效方式。

举个例子来说，南怀瑾大师倡导素食的饮食习惯，他自己就是坚定的贯彻者。南怀瑾大师的饭量很小，中午只用少许自家炒的、略放些盐的花生米，晚餐只有一碗稀饭，碗不大且盛得不满。稀饭通常用小米和红薯合煮，秋天时改用薏米和小米。南怀瑾大师曾在美国旅居三年，中午吃点面包，晚上食面一小碗，仅此而已。他的饮食之道只有四个字：少吃多餐。其次是清淡，作为一名禅学大师，南怀瑾先生饮食上也受佛教的影响，以素为主。晚餐吃稀饭时，也用一些小菜佐餐，如辣白菜、桂林豆腐乳、镇江酱黄瓜、湖南酿豆腐、宁波盐水笋等。因此大师在九十三岁高寿的时候仍然保持着健康的身体状态、矍铄的精神，这和他素食、清淡的饮食习惯不无关系。

而低碳怎么会和一个人的健康有关呢？低碳的生活方式其实在一定程度上呼唤人们摆脱对交通工具的依赖，加强身体的锻炼。比如说，现代人出行首选私家车，其次是地铁、公交等，很少人会选择以步代车。这当然是因为所要到达的目的地太远，但是另一方面也是因为现代人已经不习惯步行，惰于锻炼自己的身体，增强体魄。五公里的路程如果不赶时间的话，可以选择步行，这样既可以减少车辆的尾气排放，又能十分有效地锻炼身体。人的身体其实可以看作一台机器，长久不使用的话也是会毛病百出的。马拉松、越野、游泳等竞赛性质不强的运动逐渐在西方流行开来，就是因为这些运动其实都包含着低碳的生活观念和回归自然的强烈愿望。身体健康了，心灵的愉悦自然会油然而生。

无论是从自身的健康来考虑，还是从人与自然的关系来思考，素食低碳的生活方式都是对人有利的，即便不能全心投入，至少应在能够做到的时候优先选择，通过这样的方式能获得一种心灵安宁的喜乐，这种喜乐也是别的事情无法比拟的。

·9·

劳逸结合，更好地享受人生

上学的时候面对升学压力；毕业之际，就业压力压得人喘不过气来；而进入社会之后，又要面对激烈的竞争，成家立业要考虑车子、房子等问题，孩子出生之后又要把一部分时间和精力投入到孩子身上，要为孩子的人生担负起一部分责任。这样看来，人的一生总也逃不过一个“劳”字，奔波劳碌没有半刻的停歇，但是在过度的劳碌下人就像一根紧绷的弦，如果一直保持紧绷的状态，那么迟早有一天会面临弦断的风险。奋斗拼搏只是人生的一部分，人要懂得劳逸结合，才不枉在世间走一遭。

劳逸结合，提高效率

有这样一个寓言故事：一头牛每天辛苦为人类付出，辛勤耕耘，劳累不堪，却不曾有过半句怨言。有一天，中午的阳光非常得毒辣，老牛累得实在是耕不动了，就转身对主人说：“亲爱的主人，你能否让我歇一会呢？”主人答应了老牛的请求，老牛在歇过之后精神倍增，耕地的效率提高了不少。等到秋收的时候，人们都好奇为什么这位农夫的产量比别家的多，纷纷向这位农夫求教。农夫说：“我没有什么特别的方法，只是让牛在累的时候休息，渴的时候喝水，饿的时候喂它吃最好的草料。”这则故事虽然简单，但是却很好地说明了劳逸结合才能提高效率的真谛。

每个人的精力和体力都有一定的限度，如果过度使用而得不到及时的休息，就像一台超负荷运转的机器，终有一天会出现故障。就像长时间不间断地使用一台电脑，发热过度的情况下电脑可能会出现问题。因此懂得劳逸结合是很重要的。对于人而言，劳逸结合指的是得到充分的休息，比如晚上工作到一定时间就要休息，不能熬夜，这样身体会吃不消的。除了睡眠和休息之外，人还需要一定的娱乐来放松自己的精神。娱乐的方式多种多样，比如和朋友一起吃饭、看一场电影、喝一杯咖啡，沿着公园散步等，重要的是在这个过程中能够短暂放下紧迫和焦虑，让自己稍微喘口气。经过休息和放松之后，身体和大脑能够重新获得能量，这样工作的效率才有保证。

劳逸结合，重新开始

南怀瑾大师提出这样的人生箴言：“人生永远是明天。不要看昨天，昨天已经过去了。今天也没有，因为说今天，今天也已经过去了。世界上最可怜的人，乃至老人的共同悲哀，都是只有昨天，没有今天，更不想明天。只想昨天前天，明天的他不敢想。任何人只要这个心理现象一来，就是已经老化了。不老化的人，也就是有道的人。他们能够日日新、又日新，不断地进步。所以，孔子说，日新之谓盛德。”儒家讲的“苟日新，又日新，日日新”就是这个道理，也就是说每天都是新的开始。劳逸结合就意味着把忧虑放在一边，重新认识自己、工作和生活，一切重新开始，而不是在疲惫的状态下拖着几近崩溃的精神状态做事倍功半的事情。

劳逸结合是一种更好地享受人生的态度。人生短暂，一个人的工作当然是为了更好地生存，但是人不能只考虑生活本身，除了物质的追求之外，人还需要一点精神慰藉，这在很大程度上是一个人储存在内心的阳光。而劳逸结合就是补充阳光和能量的有效途径，每个人都可以选择最能让自己放松下来的、自己最喜欢的方式。比如说柯南·道尔喜欢在他的行医生活之外写小说，写侦探小说对他来说不是劳，而是逸，是能让他真正放松下来的方式，能让他重新找回自我。再比如王维为什么选择半官半隐？因为官场生活太伤神，他需要从山水之中寻找到内心的安宁和放松的机会。当他寄情于山水之中的时候，他能腾出空间来安放自己的心灵和情绪，享受与大自然相处的静谧时光，这样的生命具有更加迷人的光彩，而不是官场的“案牍之劳形”带来的一片灰暗。

劳逸结合，最重要的是把握好二者之间的尺度。“劳”过多，在疲劳的状态下工作，效率也会降低；“逸”过多，一个人过于放松和放纵自己，生命就可能浪费在虚无当中。因此要在劳逸之间获得一种平衡，需要很高的智慧，也需要一个人对自己、对工作有真正清醒的认识。安排劳逸就像调酒一样，每一种酒的量都合适，才能品味出人生的美好滋味。不过度地“劳”和“逸”，才能真正享受人生，享受拼搏和放松两种状态。

·10·

宁静乃生命的能量和动力之源

老子道："万物芸芸，各归其根。归根曰静，静曰复命。"这句话的意思是，根是万物生命的来源，回归根才是静，能静才回归生命。南怀瑾大师诗曰："秋风落叶乱为堆，扫去还来千百回。一笑罢休闲处坐，任他着地自成灰。"说的亦是心应如古井水，不为外物所动。宁静是一种生命的态度，蕴含了生命的能量。

非宁静无以致远

我国著名谋略家诸葛亮在《诫子书》中如是教导自己的后代："非淡泊无以明志，非宁静无以致远。"诸葛亮的意思很明白，看轻世俗的名利，才能明确自己的志向；身心安宁恬静，才能实现远大的理想。

宁静是一种生命的态度，人从琐碎杂事中腾出空间，才能更清楚地看清世界，才能让心乘物以远游。在这个光怪陆离、声色犬马的世界，每个人都恨不得连轴转，汲汲于追求自己所有的向往。夜色斑斓里，高楼大厦仍然灯火通明，银行家们绷紧神经高速运转，连夜加班处理手中厚厚一沓的数据；安谧的校园里，为成绩所困扰的学生仍然不肯睡去，在被窝里点亮台灯，抵住困意顽强地背着单词算着数学题。每个人都有梦，每个人都不敢松懈，生怕稍一停歇就会被别人赶上。有梦虽好，然而生命之美不在它的绚极一时，而在它如潺潺流水般的平和；生命的动人之处往往不在激情澎湃时，而在于隐秘婉转的宁静。

《江雪》中的垂钓者也许是宁静心境的最美描绘。“千山鸟飞绝，万径人踪灭”，一根鱼竿，一身蓑衣，一个旅人，独对一片沉寂的冰封湖面。“孤舟蓑笠翁，独钓寒江雪”，一幅孤独寂寥的画面穿越历史呈现在我们面前。世态寒凉，宦情孤冷，如钓寒江之鱼，终无所得，但垂钓者砥砺凄风苦雪的孑孓背影，静得一如他身处的冰雪世界，没有波澜起伏，没有汹涌澎湃。他独钓于江雪之中不求所获的姿态，穿越千年的时光让我们感受到一股宁静的力量，这首诗、这个人，皆因这种宁静而更显辽阔豁达。

庄子垂钓于濮水，陶渊明采菊于东篱，李白把酒临风邀月共饮，欧阳修寄情山水与民同乐，他们拥有宁静致远的内心世界，也因此获得心灵的永恒。美国作家梭罗孤身一人，远离尘嚣，独居在瓦尔登湖畔，每日欣赏平静的湖面，他的心境也澄澈如水。正是宁静的心境锤炼了他深刻的思想，让他的笔下生出恬淡又睿智的名作《瓦尔登湖》。

宁静，是“宠辱不惊，看庭前花开花落；去留无意，望天上云卷云舒”的淡定平和，是“落日平台上，春风啜茗时”的悠闲安逸，是“松花酿酒，春水煎茶”的怡然自适，是“几时归去，做个闲人。对一张琴，一壶酒，一溪云”的闲情逸致，更是“雪沫乳花浮午盏，蓼茸蒿笋试春盘。人间有味是清欢”的清明达观。

生命的能量源自宁静

南怀瑾大师惩罚学生有三种方法，但不是骂人也不是打人，一是让学生两手各拿一张报纸，手平伸起来立正，站一个小时；二是三天不准说一句话；三是把学生丢到一个非常空旷的山野。南怀瑾大师说自己的惩罚措施其实颇有深意，就是让学生学会静的道理。一旦学生理解了静的道理，这三个痛苦就会变成最大的享受。静，就是把脑筋静下来，思想情绪完全静下来。一切的智能，如果不是在静态中，是发挥不起来的。譬如一杯水，搅动的时候是看不清楚的，停下来就能看透了。

"静涵盖了很多无穷的力量"，南怀瑾大师如是说。能源从哪里来？道家认为，其来自静态，来自空。为什么我们忙碌到夜里就要睡觉？因为人累了不休息是不行的。可是，人的生命常常忘记了静，反而尽量用动态去消耗自己。如果全世界的人类都拼命消耗能源，一旦能源耗尽，人类也就灭亡了。

《空谷幽兰》是美国汉学家比尔·波特写的一本关于中国的"寻隐之旅"的书，他走访了终南山等地的山麓，亲身探访了隐居的中国现代隐士。在柳暗花明不期而遇了众多真隐士之后，他坚定了隐士文化不灭的信念。中国的隐士远离人群，或大隐隐于市，通过宁静来达到自我的回归和提升。他们是纷繁复杂的社会里回头自省的一群人，通过观察内心去探寻人生的终极奥秘。

释迦牟尼说，人的思想一动，弹指之间就有960次转动。按照这个转速，倘若我们只动不静，总有一天大脑会超负荷，人也会垮掉。"神静而心和，心和而形全；神躁则心荡，心荡则形伤。"心浮气躁，则自乱分寸，容貌憔悴；而心平气和，则方寸永不乱，容光常焕发。现代社会中的我们走得太快了，不妨停下来，等一等自己的灵魂，给自己一个喘息的机会，还内心一片平静清凉，从而观万物、见我心，世界之大，皆在眼前。

Part 7

上有老可养，下有小可教

——南怀瑾谈家庭哲学

人是家庭的小分子，家庭组成社会这个大群体，每一个家庭成员的付出，其影响不只局限于自己家的屋顶之内，也会对社会产生一定的影响。仁爱最基本的是孝悌之爱，爱小家才能爱天下，因此要孝顺长辈，体恤晚辈，使老者安之，少者怀之，报答父母对自己的养育之恩，同时又科学地教育孩子。家和万事兴，正是这一个个撑起万千家庭万家灯火的肩膀，撑起了一个和谐美好的社会。

· 1 ·

自私或是占有，爱的本质关乎人性

爱是人类的一个永恒的命题。它可以说是一门艰深的学问，没有人说得清楚它是跟生理还是心理有关。但是无可置疑的是，爱的两种属性，或者说呈现出来的自私和占有两种面貌，与人性有着极大的关系。

自私和占有是爱的基本属性

南怀瑾大师在论述爱情的本质时曾指出，自私和占有是爱的两种属性。如果把爱泛化来说，即扩大到一般的范围，包括朋友间、家人间的爱，那么事实上爱的本质都是自私的。一个人去爱别人，可以说是出于自己爱的本能，也可以说是出于内心的需要。没有爱、不懂得爱，会被困在孤独的自我中，这样的人也是可怕的，因为世界上如果没有能够羁绊住他们的爱，也就没有让他们留恋的东西。谈论爱的自私本质，其实也是在谈论人与人之间的关系。一个人为什么要去爱别人？在《柏拉图对话集》的《会饮篇》中有这么一段解释："其实每个人在最开始都是有四只手四只脚的球形的人，因为阴阳人太狂妄了，所以神把他们剖开，这样每个人在世界上其实都是不完整的存在，每一个人都急于寻找自己的另一半以获得完整的生命，这种渴求完整生命的欲望，其实就是爱。”这样的解释带有很强的传说性质，但是却从本质上形象地揭露了爱的性质。每个人在这个星球上都是孤独的存在，都在茫茫人海中苦苦找寻另一半，找寻爱的对象。从这个角度来看，每个人都是需要被爱的，这就是一种自私。正是由于这个原因，很多人身边的爱人来来去去，就是因为觉得这样的爱不能满足自己的要求。

南怀瑾大师谈到，爱的自私本性还表现在，没有哪个人会愿意跟别人分享自己的爱人。他说，爱不成佛，便会成魔。人生的本质就是自私的，想得到，怕失去。想占有的不只是爱情，还包括亲情、友情……只要是人世间有的，都想占有。未得到的想得到，得到了的怕失去。多少人以爱的名义犯下滔天大罪，有杀死对方的，有给第三者毁容的。中国有冲冠一怒为红颜的吴三桂，为了陈圆圆给清军打开国门，出卖大明；在西方，绝世美人海伦引发了希腊和特洛伊之间的战争，一战十年，血流成河，致使特洛伊城最后惨遭劫掠。这些都是爱的自私的表现。

学会无私、宽容地去爱

爱和被爱是出于一个人的自我需求，但是一个人不能在爱的过程中只考虑自己的感受，而要认识到爱也有无私和宽容的一面。人应该学会逐渐摆脱爱的自私的属性，学会宽容、包容地去爱。

如果只考虑自己，那么很容易会造成两人之间感情的破裂。全心全意地爱一个人，就要学会为对方着想、为对方奉献。就如母亲爱孩子一样，她并不是为了自己的情感需求、避免情感上的空虚而把孩子当作宠物来养的，而是真真切切地为孩子生活得更好而做出了很多的努力和奉献，从十月怀胎的辛苦到无微不至的关怀，这其中的艰辛不是一两句话就能轻易概括出来的。等到孩子长大了之后，母亲其实也不在乎孩子是否懂得报答自己，只要孩子过得好就十分开心了，这就是母爱的伟大无私。

每一个人都不是仅仅属于他的爱人和家人，他还属于这个社会，他需要为这个社会奉献爱，而这种爱如果不计较私心，那便是十分伟大的。比方说，时传祥坚持挑粪、雷锋毫不利己专门利人，焦裕禄坚守职务不惧艰难，这些都是十分伟大的爱和奉献精神，他们对自己的利益都没有过多的考虑，这样无私奉献的灵魂是光芒万丈的。

而谈到宽容，正所谓“金无足赤，人无完人”，每个人都会有缺点，而因为爱走到一起的人因为距离比较近，所以很可能会被这些缺点扎得鲜血淋漓。这时候如果再以自私的态度相互抱怨，那么两人只能越走越远，当初的爱也会随之消逝。所以说，正确的方法应该是包容和忍让，退一步风平浪静，何苦为一些鸡毛蒜皮的小事彻底终结爱这一难得的美好之物呢?

自私和占有都是人的天性，但是人要学会克服，认识到二者的危害，用宽容和无私让爱更加美好和持久。

·2·

婚姻美满，是因为把它当作事业在经营

家庭和事业是一个人生活中最重要的两个方面，但是很多人都处理不好二者的关系，甚至把家庭和事业对立起来，要么选择家庭放弃事业，要么坚持事业忽略家庭。其实，家庭和事业是可以兼顾的，或者说，如果你把家庭婚姻生活当成事业来经营，那么你注定会收获一份美满。

南怀瑾大师曾经这样论述婚姻："婚姻让两个人避无可避，以对方为镜，直面自身的缺陷。在这样的情况下，要想获得一份美满的婚姻，就必须把它当作自己生活上的事业。"大师指出，夫妻之间的摩擦难免会让对方鲜血淋漓，但婚姻的承诺和责任在那里，两人很难轻易结束关系，因此一定要修行。这里所说的修行，我们不妨理解为对于婚姻的经营。

经营婚姻应该有分工协作

南怀瑾大师把婚姻的真谛归结为修行，其实就是告诉我们，经营婚姻不是一件容易的事情，必须要有方法，有步骤。如果把经营婚姻比喻成做一笔生意，那么这里面的分工协作就非常重要。经营婚姻不能听天由命，要通过夫妻二人的通力合作，在分工协作中把利益最大化，让生活过得有滋有味，让家庭处处出彩。

历史上，明太祖朱元璋是一个对于后宫治理非常严苛的君主，有时妃子在他面前犯了一点小错都会招来杀身之祸，临终时更是安排自己的妃子为其陪葬。对于朱元璋来说，妃妾不过是传宗接代的工具。然而他对于自己的结发妻子马皇后却是一往情深，马皇后去世后也并未续立皇后，这段深刻的感情是他在打拼天下的时候与马皇后建立起来的。朱元璋还是郭子兴手下大将的时候遭到他人嫉妒陷害，作为郭子兴义女的马氏多方斡旋，挽救朱元璋于水火之中；在朱元璋打了败仗之后，马氏散尽所有财产，安抚将士，稳定军心。可以说，朱元璋和马皇后在婚姻中有着和谐的互补协作，也可以说，朱元璋的天下和马氏的多方助力有着密切的关系。

回到每对夫妻的日常生活，我们不难发现，关系亲密的夫妻，不管面对什么问题，总是能够很好地应付新的局面，完美地处理问题。这是因为有了美满的婚姻，两人可以全身心地支持和帮助对方，心无旁骛地处理一切问题。

至于具体应该如何操作，首先应该考虑分工问题。其实，一个家庭就好比一支交响乐团，只有当所有的乐手一起和谐演奏时，才能奏出最美妙的乐曲。对于婚姻来说，最考验人的无非是日常的家庭琐事，从操作层面上来说，大家应该根据自己的强项和喜好分担家务。民族歌曲《天仙配》唱得好："我种田来你织布，我挑水来你浇园"，这就是根据具体情况进行合理分工。如今的现代化生活同样如此，要把婚姻经营得美满，就必须和谐分工、互相协作，不给家庭矛盾以可乘之机。

夫妻要有一个共同的目标

要经营一段美满的婚姻，夫妻双方除了要懂得相互协作外，还应该确立一个共同的目标，以这个目标为准绳去经营婚姻，为家庭生活的经营提供明确的方向。南怀瑾大师在论述婚姻的时候，曾经多次用到“道”这个概念，大师所讲述的“道”，是希望众人能够早日达到一种生命境界，在实际生活中，其实就是希望我们能够有的放矢，把自己未来道路的方向搞清楚，经营婚姻，亦是如此。

伟大的物理学家居里夫人和她的丈夫就拥有美满的婚姻。事实上，她的丈夫皮埃尔·居里也是一位卓越的科学家。1894年，获得巴黎大学物理学和数学学士学位的居里夫人认识了皮埃尔，他们因为共同的科学理想走到了一起。居里夫妇的生活虽然清贫，但是工作和学习十分紧张，共同的目标让他们非常有动力，彼此支持和协助，可以说，两人是研究事业上最好的合作者，同时又是和睦的人生伴侣。

居里夫人的一生充满了不幸，家人接连去世，孩子流产，但即使在生活最困难的阶段，她和丈夫也始终没有放弃彼此共同的理想。

一次，居里夫人对丈夫说：“如果我们中的一个死去了，留下的那一个也不会活着吧。”皮埃尔却答道：“不，你说错了，不管发生什么事，即使失魂落魄，痛不欲生，也要继续从事研究。”

正是秉承了二人共同的理想，在皮埃尔不幸丧生于马车事故后，居里夫人虽然悲伤不已，却仍然按照丈夫的嘱咐继续进行科学研究，并最终取得成就。

居里夫妇的感人故事告诉我们，要经营一段美满的婚姻，双方树立一个共同的目标至关重要。经营一段美好的婚姻，应该是每一对夫妻的生活理想。婚姻是幸福生活的凝结剂，用心去守护它，用心去经营它，美好总会伴随在你左右。

·3·
家是言爱而不“讲理”的地方

单纯来说，世界上只有两种人，就是男人和女人。男人和女人组成家庭，家庭组成社会，组成国家。常言道，家庭是社会的细胞，要想构筑和谐社会，首先要营造和谐的家庭气氛。

南怀瑾大师谈到饮食男女时说过，华夏五千年历史，你打过来，我打过去，闹了这么多事，终归到底就是两个人闯的祸，一个男人，一个女人。婆娑世界，正因为有男有女，有了饮食需求，才有了这些烦恼。南怀瑾大师的这番话看似调侃，其实很有深意。可以说，解决家庭的矛盾是解决社会乃至家国矛盾的第一步。

包容是婚姻的第一课

常言道，清官难断家务事。每个家庭都有一本难念的经，有关家庭的事情外人很难评判。但有一点可以肯定，那就是评判家里发生的事情不能太过较真，不能钻牛角尖，家是讲情而不是讲理的地方。夫妻之间如果一定要论理，评判出个是非高下，则家无宁日。

有一对年轻夫妇，他们的邻居是一对结婚十几年的夫妇。小两口过了初婚那段蜜月期以后，小打小闹成了家常便饭。小夫妻很苦恼，虽然知道总是争吵很伤感情，却不知如何是好，反观邻居，永远都是那么和谐幸福。

一天，在一场激烈的争吵后，年轻的夫妇再也忍不住了，敲响了邻居的门。他们谦虚地向邻居请教道："大伯、大妈，我们想请教二老，为什么你们这么多年还是这么恩爱，从不争执呢？"

听罢，大伯微笑着望着大妈，道："因为你们俩总是对的，而我们总是错的。"

两个年轻人你看我，我看你，没有明白大伯说的话是什么意思。大妈微笑着解释道："你们年轻人啊，有学识，有主见，遇到问题总觉得自己是对的，希望对方按自己的意思办。而我们呢，遇到问题总会先想想是不是自己的错。比如昨天晚上，我炒菜时放多了一点儿盐，你们大伯说：'老伴儿，你尝尝菜是不是有点咸？'我一尝，果然是咸了，赶紧承认错误。你们大伯呢，反过来安慰我，是因为他昨天回家晚，没有在一旁提醒我，或者帮我炒菜。两个人过日子，和和气气，互相包容，才能长久。"

"家"是所有人心灵栖息的港湾，是最应该彼此宽容和理解的地方。世界上有三种人可以不讲道理，一是疯子，二是病人，三是情人。前两种人很好理解，而情人的眼里只有对方，哪怕对方有小小的过错，看在眼里也不过是调剂情调的小调皮和小任性而已，根本无伤大雅。如果想让一段婚姻更加持久、稳定，男女双方一定要秉持包容之心，体谅对方的难处，宽容对方的不足。

赞美让婚姻历久弥香

恋爱中，男人似乎能无限包容女人的不讲理，女人偶尔赌气撒娇，也被视为恋爱中的小插曲，只会让爱情更加甜蜜有趣。恋爱中，女人也更加柔情似水，望向对方的每个眼神，跟对方说的每一句话，仿佛都染上了水的婀娜多情。然而结婚却是一个转折点，情人一旦成为妻子，男人也迅速将自己的角色转换为丈夫，转换为一家之主。他们也希望妻子尽快承担起身为女主人的责任，开始要求老婆“做事说话讲道理”。而女人在情感中属于慢热型，她们的角色转变相对较慢，走进婚姻后她们还常常怀念恋爱时的甜蜜，隔三岔五地还想跟丈夫赌赌气，耍耍小脾气，让丈夫哄哄她，让着她。这是因为男女的情感曲线不尽相同，男人是从和煦春日很快走入炎炎夏日，恋爱中他的感情是炙热的、轰轰烈烈的。然而走入婚姻后，男人的情感中理性占了上风，他不再过多流连曾经风花雪月的时光，开始考虑实际问题。女人则不同，她们慢热而矜持，长久地徘徊在春光里，希望那些温情和浪漫更加持久。

其实无论是男人还是女人，面对自己爱的人都像孩子一般，他们要的并不多，有时候只是一句贴心的问候、一句真诚的赞美。

夫妻相处有一个原则，即多说爱语。爱语就是多给对方肯定，给予对方一些亲切的问候。周恩来与邓颖超是革命队伍里有名的恩爱夫妻，二人不管谁从外面回到家中，一定会对着屋里喊一句：“我回来了。”屋里的人不管在干什么，马上会放下手上的活儿，迎出来说：“你回来了，欢迎回家。”

周恩来爱泡茶喝，一泡出来邓颖超就会赞美道：“怎么有人能把茶泡得这么香？太好喝了！”周恩来在一旁笑得很开心，说：“好，我再去泡。”所以说，一句赞美和问候，能让人切切实实地感受到这个家庭的温暖，并投入更多的感情到家庭生活中。

婚姻生活中，争辩除了耗费体力、伤害感情外，没有任何意义。懂得疼惜对方，懂得在对方“不讲理”时宽容一些，是世间男女走进婚姻殿堂要上的第一课。宽容和体贴是增进夫妻感情的良方，不要总意图改变对方，应该多关注另一半的优点，赞美对方，这样婚姻生活才会更加幸福美满。

家是讲情分、讲感情的地方，而不是讲道理的地方，时刻心怀感恩、互相体谅，才能让你的婚姻生活更加美满和谐。这句话虽然质朴，却是实实在在的真理。看看现实世界，有多少对夫妻，他们因爱结合，也因爱纠缠，熬着岁月，费着感情，只为争论出个是非对错来。可以说，婚姻生活中当两个人开始据理力争时，就离他们两败俱伤、分道扬镳的日子不远了。

·4·
一切皆因缘，有缘夫妻，债务儿女

人与人之间的缘分有各种各样的形式，在学佛的人看来，“百年修得同船渡，千年修得共枕眠”，夫妻相遇相守是缘分，子女降生在一个家庭也是缘分。

夫妻姻缘，因因果果

南怀瑾大师曾经试图通过男女的姻缘来了解佛法的问题。他说：“中国人有句俗话‘家家有本难念的经’，这句话还不够透彻。一针见血的讲法，应该说人人有本难念的经。难念的经都是从因缘来。佛学讲因缘，有三项内涵、四种关系。三项内涵即是善缘、恶缘、无记缘。所谓无记缘，就是不善不恶的缘。譬如我们做人几十年，有许多接触过的人，不是自己有意去找他，偶然一次，过去了也就忘了。苏东坡有句诗说：‘事如春梦了无痕。’一切事情都等于一个梦，梦醒便忘，这种缘属于无记缘。至于佛说缘的四种关系：因缘、增上缘、所缘缘、等无间缘，研究起来很麻烦。也就是说，一个人在生命中遇到其他的人，无论建立什么样的关系，朋友、爱侣还是仇敌，这些都是缘。”南怀瑾大师进一步总结人的生命不只这一生，还有前生；不只是这一世的前生，还有很多很多的前生；而今生同样有很多很多来生，数不完。因此要从三世因果及六道轮回来讲因缘。

南怀瑾大师用埋葬在西湖湖畔的才女冯小青的故事来说明因缘如幻梦。冯小青遇人不淑，嫁给丈夫之后才发现丈夫已经娶妻，于是她天天拜佛以缓解内心的痛苦，作诗云："稽首慈云大士前，不升净土不升天，愿为一滴杨枝水，洒到人间并蒂莲。"南怀瑾大师认为，冯小青了解到人生就是还债，她不仅通过求佛为自己还债，还为天下还债，这样悲悯的情怀使恶缘在这里变成了善缘。

西湖边上还流传着另一对痴情儿女的传说。白素贞修炼五百年，本可升天为仙，却一心想着要报答许仙的救命之恩，因而陷进因缘当中不能自拔，任凭法海如何阻拦都无济于事，最后她遭到了许仙的背叛，万念俱灰之下任由法海把自己压在雷峰塔下。她和许仙之间的姻缘就是一段孽缘，可是上天注定她要为情所困，她也心甘情愿地为这一段感情奉献自己的全部，善缘和恶缘，个中冷暖唯有自己知道。

债务儿女，前世今生

南怀瑾大师常常谈到杭州城隍山城隍庙门口的一副对联，他通过几十年的人生经历，看自己，看别人，对此有了深刻的感悟。对子的上联描写夫妇关系："夫妇本是前缘，善缘、恶缘，无缘不合。"夫妻之间不一定都是好姻缘，有的吵闹一辈子，痛苦一辈子。下联说的是儿女问题："儿女原是宿债，欠债、还债，有债方来。"有债务关系，才有父母儿女。所以，男女因情结为夫妇，然后生下儿女，美其名曰天伦之乐，其实从更深一层的体会来看，没有乐，只有苦，不过人都是喜欢苦中作乐罢了。城隍庙的这副对子，将人生的因缘道理差不多都概括在内了。”

在中国古代，教育幼童最关键的是“孝”的教育，因此小孩子从小就要学习《二十四孝图》和《孝经》，“孝”也成为评定一个人品性高低的重要标准。正所谓“百善孝为先”，孔子就认为孝悌是为人的根本，一个人如果对生养自己的父母都不懂得孝顺，那么怎么会对社会上其他没有血缘关系的人报以爱和善意呢?

无论是夫妻之间的因缘还是父母子女的债务关系，其实从佛学的前世—今生—来世的角度去考察，它们都不是偶然的关系，而是命中注定的必然。在这样的必然关系之下，用心去经营就显得尤其重要。夫妻之间应该多点包容忍让，维持家庭的温馨和睦；子女对于父母应该尊敬孝顺，只有这样一个家庭的爱才能集中起来。家庭和睦是社会和谐的根基，而家庭和睦归根结底就是父母与孩子之间的关系、夫妻之间的关系。一个人如果不懂得去珍惜伴侣、父母与孩子与自己的缘分，那就是根本不懂得爱，在这样的人身上，任何善缘都会变成恶缘。

·5·

“不言之教”与“含蓄教化”的教育观

每个人从出生就要接受家长和长辈的教育，进入学校后要接受老师的言传身教，步入社会后，工作中前辈会施以教导。等到成家生子之后，又要开始操心子女的教育问题，因此说教育问题是每个人都需要加以思考的问题。

学校教育中的“不言之教”

学校教育以老师的课堂讲授为主，怎么会有“不言之教”呢？其实，学校就是一个微型的社会，学生在学校不仅学习书本上的知识，也能学习到许多做人的道理。因此很多学校和老师十分有远见地把“立人”放在教育的核心位置，也就是认为把学生培养成正直善良的人比培养学生的文化水平要重要得多。事实上这个问题在中国很是突出，因为中国学生的升学压力大，考试的分数直接和未来的生活水平挂钩，高考直接就是千军万马挤过独木桥。在这样的状态下很容易只以学习成绩为重而忽略了孩子的心灵健康和人格健全，这样培养出来的很可能是考试机器，而不是真正顶天立地的人。

在学校中，“不言之教”其实是无处不在的。比如说老师如何对待学生对学生的成长会产生很大的影响。班级中总会有一些调皮捣蛋的学生，一些老师对他们或极不耐烦、冷脸待之，一些老师则会循循善诱，试着从各个方面去感化他们。实际上，所谓的差生也只是一些没把心思放在学习上的学生而已，他们本质上并不坏。而老师的差别对待不仅会对这些学生产生影响，还会影响其他学生对待他们的方式态度。将来他们走进社会，也会以同样的态度对待生活中工作中的弱者和落后的人。与此类似，如果老师为人势利，对班上家庭富裕的孩子青睐有加，或者特别重视长得好看的孩子，这些其实都会对其他学生形成不言之教，带来本质上的影响。特别是在小学阶段，孩子还不具备成熟的辨别是非的能力，他们的言行举止更多的是去模仿老师，因此老师不仅要重视言传，还要重视身教，也就是“不言之教”，为社会培养更多的有用之才。

家庭教育中的“含蓄教化”

相比于学校教育中的“不言之教”，家庭教育中的“含蓄教化”更为重要。因为孩子从出生开始就接受来自父母的教育，父母的言行举止很大程度上决定了子女将来会成为什么样的人。南怀瑾大师在谈论教育问题时特别指出，培养孩子的人性是重要的教育命题，而人性的培养很大程度上是在家庭中完成的。“孟母三迁”的故事就是很好的例证。孟母不想让自己的孩子受到周围环境的不良影响，于是先后三次搬家，最后在私塾旁才安顿下来。孩子就像一张白纸，家长是最初执笔书写和绘画的人，如果不慎涂上污点，那么可能会对孩子的一生产生影响。“含蓄教化”指的就是有时候言胜于行，家长只要做好自己的本分，成为孩子正直善良的楷模，比给孩子讲大道理更有用。如果一个孩子有一个嗜赌如命的父亲，那么这个孩子很可能会形成相信天上会掉下馅饼的世界观，从而养成不劳而获的坏习惯，更有甚者自己也会染上赌瘾。在这种情况下，要想孩子健康成长，父亲就必须戒掉赌博，洗心革面，以自己的行动教会孩子怎么做人。以此类推，如果一个父亲不遵守交通规则，那么他培养出的孩子很可能会成为不守规范的人；如果一个父亲不懂文明习惯，爱说脏话，那么他的孩子极有可能受他影响，言语粗俗。

南怀瑾大师讲了一个故事：一个小偷在犯下大罪、即将走上刑场之前，请求见他的母亲。他请求跟母亲说一句悄悄话，可当母亲把耳朵凑过去的时候，他却把母亲的耳朵咬了下来。他说自己痛恨母亲在他小的时候没有及时制止他的小偷小窃，直至今天酿成大祸。这个故事告诉我们，孩子小的时候如果不把他往正道上引导，那么将来可能会酿成大祸。

“不言之教”是对老师和父母的基本要求，在孩子面前一定要注意自己的言行举止。行胜于言，有些时候只要自己做好了，孩子自然就会知道怎么跟着去做；而一旦父母不克服自己的弱点，而向孩子展示之，那么很可能会让孩子走向岔路。因此说，为人父母和为人师表皆是任重而道远，要懂得实施含蓄教化，以更有力量的行动来教导孩子。

·6·

父母切忌好心办坏事，儿女须知顺应父母心

曾有学生向南怀瑾大师请教：“应该怎样去教育子女呢？”

大师用儒家文化的四个字作以回答，即“养生送死”：一个孩子降生，如何把这个小生命从呱呱落地养到成人再放手，这是一个艰巨的教育任务。子女是父母的镜子，然而中国式父母固有的问题就是“将自己未达成的愿望转嫁到子女身上，而忽略了子女的能力与兴趣”。父母与儿女生于不同的年代，有着不同的生活理念，也就是存在所谓的“代沟”。不同价值观下出现代沟很正常，但是如何处理好代沟则是放在父母和子女面前的重大课题。

父母不要溺爱孩子

每个孩子都是父母的掌上明珠，这种“含在嘴里怕化了，捧在手里怕摔了”的心态，反而阻碍了孩子的正常成长。中国有句古话叫“好心办坏事”，南怀瑾大师借来形容父母的溺爱之情，在子女成长的过程中，父母的教育方式起到了决定性的作用，很多时候，父母自以为是为孩子好，却导致孩子离好越来越远，应该杜绝以爱为名的溺爱。

有这样一则寓言故事：一只幼蝶在裂开的茧中挣扎着，一个好心人路过，见此情景于心不忍，便拿起剪刀把茧剪开，让幼蝶脱茧而出。然而，没有经历过脱茧过程的幼蝶体弱，翅膀也没有足够的力气能展翅飞翔，不久便死去了。幼蝶的破茧挣扎正是一种磨炼，只有经历了，才能让翅膀更加有力，才能在脱茧之后自由飞翔。这就是好心办坏事，一份过度的爱反而让幼蝶失去了生命。

这则故事就是溺爱的缩影，父母对子女的溺爱无非有两种表现：一是过于保护，替代子女去面对困难，什么事都去包办代办，这样的爱会让子女变得软弱无力；二是过度满足，无论子女的要求是否合理，都无条件地给予满足，这样的爱会让子女变得娇纵。

现在社会上一些年轻人被称为“草莓族”，草莓外表鲜嫩夺目，内在却质地绵软，稍微一施压就会变成一团稀泥。“草莓族”泛指在父母过度溺爱呵护下的年轻人，他们禁不起一点的压力，缺乏自信，无法面对挫折，追根究底，原因还是父母以爱之名，一味地对孩子娇惯，好心办成了坏事。

子女就像幼蝶，需要经历脱茧的过程，经历一番磨砺才能让翅膀变得有力，才能勇敢面对自己的人生之路。如果在成长的过程中，父母以爱之名代劳，用溺爱剥夺子女克服困难的能力，就会让他们失去磨炼自己的机会，也会让他们失去面对漫漫人生中无限挑战的勇气。

用感恩和理解之情顺应父母

父母给予了子女生命，从十月怀胎到养大成人，这期间有“生三年，然后免于父母之怀”的百般呵护和疼爱，有“临行密密缝，意恐迟迟归”的千遍叮咛和牵挂，有“不为己身苦，常怀儿女忧”的万种柔情和眷顾，饮水要思源，知恩当图报。

儿女该如何孝顺父母呢？“孝顺”一词，从字面上可以看出，除了“孝”以外，还有一个“顺”字，就是说要顺从父母的意志。《礼记》中说：“孝子之养老也，乐其心不违其志。”这一点古人做得相当好。二十四孝的故事在民间流传得很广，里面的孝子们大都是在这一点上做得非常好的人。南怀瑾大师认为，父母的确有时会提出有些偏颇的要求，但是作为子女，若心中感恩亲情，自会发自内心地尽量去顺应父母，因为孝顺大于天。

大师还强调，父母毕竟阅历丰富，很多事情都要比子女看得更长远、更透彻，他们出于对子女的关爱而提出的建议，往往更具有针对性和实用性。对于这些有益的想法，作为子女，首先要学会感恩，理解父母是出于关爱才提出这些建议；其次要学会尊重，即使父母的想法有些地方不是那么合适，也要耐心地解释，而不是简单粗暴地拒绝。孝顺，有一部分就要求要顺应父母。

顺应父母是将爱化作一种顺从的态度去孝顺父母。流传至今的二十四孝，每一个故事都孝感动天。老莱子是春秋时期的思想家，同时也是历史上著名的孝子。他见九十岁高龄的父母常常郁郁寡欢，为了让双亲开心，每天都绞尽脑汁。有一天他发现父母看见小孩子就非常高兴，于是不顾自己七十岁高龄，每天都身着彩色衣服，扮成幼儿，引父母发笑。

父母在慢慢老去，而我们能陪在父母身边的时间也变得越来越少，抽空常回家看看吧，给父母做顿饭，做做家务，看电视的时候帮父母捶捶背，用自己的行动表达对父母的爱。

“百善孝为先”，不管做什么事，孝顺都是最基本的。“一生父母恩，半生儿女债”，别等到“子欲养而亲不待”时才追悔莫及。

·7·

孝是一种反哺的爱，不仅存在于形式

到底什么是孝顺呢？对于孝顺自古也没有明确的界定，但是“孝顺”和“养”是不能混为一谈的。“养”是最基本的义务，乌鸦反哺，羊羔跪乳，这是一种天性；“孝顺”则是发自内心的一种敬爱。南怀瑾大师说，孝顺是无法量化的，但其可以分为：对父母财、物的奉养，是为小孝；功成名就，光宗耀祖，使父母光彩愉悦，是为中孝；引导父母趋向正信，远离烦恼颠倒，永断三途之苦，是为大孝；视三世一切众生皆是我父我母，尽一切力量，使之解脱生死轮回，离苦得乐，才是最无上的至孝。所以，克尽孝道，在于心，不要流于形式。

孝不在于饰貌

在网络越来越发达的今天，每逢过年过节，网络上都被各种孝顺父母、与父母合影等孝顺的形式刷屏，随之而来的则是各种带有讽刺意味段子：“问：什么地方的儿女最孝顺？答：朋友圈。”这让我们不禁质疑，这种“父母根本看不到”的感激是否让“孝顺流于形式”了。

南怀瑾大师认为，孝顺如果太过于注重形式，就会变成一种桎梏，不光不能让父母感受到反哺之爱，更是成为负担。《世说新语》里有这样一位不被形式所束缚的人，堪称不落俗套，他就是阮籍。

阮籍的母亲去世后，按照习俗，他在服丧期间不能喝酒吃肉。然而，晋文王却下令赏赐阮籍盛宴。司隶校尉何曾看到这幅情形，赶忙阻拦，说道：“晋文王您是倡导孝行天下的，阮籍母亲刚刚去世，他在服丧期间，您怎能赐他饕餮盛宴？”晋文王听后，解释道：“我正是看到阮籍过于伤心，已经伤害到了身体，我唯恐他身体就这么垮下去，才用酒肉替他分忧，有何不妥？”一旁的阮籍对两人的话置若罔闻，吃喝不误。难道阮籍是一个不孝顺的人吗?

据记载，阮籍在母亲去世以后，曾吃饱喝足后去母亲坟前道别，希望母亲能放心，他可以照顾好自己；但他同时又太过哀伤，只说完一句话就口吐鲜血，昏厥过去。此后很长一段时间，他都心力交瘁，缓不过神来。这恰恰说明阮籍实为大孝。

曾有弟子问孔子，如果父母去世，仍然吃美酒、穿华服，就算不这么做，难道内心就更加安宁吗?孔子说，那就按照自己的想法去做。显然，连圣人都认为孝顺的行为没有固定的要求，而是看心中是否存有那份孝心。

其实，父母也不希望子女如此不吃不喝，伤害身心。作为子女，由心而生的孝道，比任何浮于表面的形式都更能表达对父母的爱。孝不在于形式，而在我们坦荡的心路里。

孝在于质实

《礼记》中记载：“孝有三，大尊尊亲。”也就是说让父母获得尊重，感受到精神上的愉悦才是最重要的。老人的身体是脆弱的，需要儿女的照护；老人的面容是憔悴的，需要儿女的抚愈；老人的内心是寂寞的，需要儿女的安慰。父母的恩德等同天地，儿女应该竭力报答。

子路是孔子的三千弟子之一，以政事著称，小时候家里很贫苦，长年靠吃粗粮野菜度日。一日，年迈的父母对子路说想吃米饭，但家里却没有一粒米。子路为了满足父母的愿望，连夜走了十几里路，从亲戚家背回了一小袋米，到家后没有休息，立刻为父母做饭，当看到父母吃上香喷喷的米饭，他也忘记了自己的疲劳。子路认为，真正的孝顺就是用行动去满足父母的需求，看到父母高兴，作为子女的也会感到幸福。

王祥，琅琊人，生母早丧，继母朱氏多次在他父亲面前说他的坏话，使他失去父爱。父母患病，他衣不解带地侍候；继母想吃活鲤鱼，适值天寒地冻，他解开衣服卧在冰上，冰面融化后，跃出两条鲤鱼。继母食后，果然病愈。有人说王祥很傻，继母那样对待他，他却不顾自己身体而孝顺继母。王祥说，哺儿育女是父母的天职，尊敬父母是儿女的本分，无论父母如何，作为儿女的都应该尽孝道。

父母将我们养育成人，无论我们遇到任何问题，父母都会第一时间为我们护航。父母之情永远是无私的，即便子女长大成人，父母仍然会嘘寒问暖，关爱不断。反之，作为子女，我们该如何回报这无私的父母之爱呢？首先就是不要忘记父母的养育之恩，尊敬自己日渐老去的父母，为他们做一些实事，这才是真正的爱的回报。对于父母的孝不仅要保证他们的物质需求，更重要的是心灵的关怀与呵护，这需要我们以极大的耐心去包容、去尊敬，用实际行动去温暖父母的心。

·8·
子欲养而亲不待的遗憾

“树欲静而风不止，子欲养而亲不待”，在儒家看来，人生最大的缺憾不是没能立功显名、大富大贵，而是没能在父母健在的时候承欢膝下、奉养双亲，这才是人生最大的痛。

赡养双亲是孝最基本的要求

《论语·为政》中有一则子游问孝。子曰：“今之孝者，是谓能养。至于犬马，皆能有养；不敬，何以别乎？”孔子认为，尽孝道光“养”是不够的，还要“敬”，但是这也从侧面反映了“养”是最基本的孝的要求。父母将孩子抚养成人，花费了很多心血，因此子女在父母年老的时候一定要多陪伴在他们身边，不要以工作忙为借口推托，因为父母享受生活的时间越来越短，尽孝要尽早，不要留下“子欲养而亲不待”的终生遗憾。

有这样一个故事：皋氏年轻时周游列国，寻师访友，很少留在家乡侍奉父母。听到父母相继去世的消息后，他在路边失声痛哭："吾失之三矣：少而学，游诸侯，以后吾亲，失之一也；高尚吾志，间吾事君，失之二也；与友厚而小绝之，失之三矣。树欲静而风不止，子欲养而亲不待也。往而不可追者，年也；去而不可得见者，亲也。吾请从此辞矣。言罢，立槁而死。"皋氏之所以恸哭而亡，就是因为他意识到自己没有尽到赡养双亲的责任，让自己的父母孤零零地离开人世，他连孝都没有做到，就是没有尽到做人的本分，还有何面目继续周游列国、寻师访友呢？

南怀瑾大师说，父母将你抚养成人，如今他们老了，动不得了，你回过来照顾他们，这就是孝。孝道很简单，以个人而言，就是对父母爱心的回报，常常换位思考，能做到以父母照顾子女的心情去照顾父母，那就是大孝。不要等到明白了父母之爱，想要回报的时候，父母却已不在身边。光阴无情，这是最大的伤痛。

勿给自己和父母留下遗憾

南怀瑾大师因为时代的原因，一直活在不能侍奉双亲的痛苦之中。他自从离开大陆去往台湾后，一别四十年，再也没有见过父母的慈颜。他只好把对父母日日夜夜的思念深埋于心，这种无奈和痛苦实在是难以言说的。有一次，他在讲课时提起自己的经历："我们老一辈人，从小就是在刀枪战火中讨生活，几乎没有一日是安宁的日子。当年我离开家乡，一晃几十年，没办法和亲人联络，父母生死不知，一二十年也没消息，所以曾有两句诗说：'历劫几能全骨肉，对人不敢论亡存。'内心很伤感。别人问起你的父母现在怎样？实在不敢答复，根本不愿去提，怕讲了会悲伤、会难过。”当时两岸还没有实行“三通”政策，南怀瑾大师接到大陆传来的老母身体欠安的信，却无法探望，睹信思人，满怀的焦虑和伤感只能化作一声哀叹：“恐怕等不到与母亲见面了！”不料一语成谶，等到两岸实现“三通”，他可以踏上重返故乡的路时，却被告知母亲早已亡故。因此南怀瑾大师对“子欲养而亲不待”特别能够感同身受，因为他就错过了侍奉双亲、陪伴在母亲身边的机会，留下了满腹的悔恨和遗憾。

为了避免这样的遗憾，应该从眼下做起。虽然因工作和学习的原因不能时时刻刻陪伴在父母身边，但起码要记得常常打电话嘘寒问暖。很多人不仅自己不这样做，父母打电话来的时候还嫌父母妨碍了自己的生活，仔细想想，天底下又有谁能像父母那样无私地关怀自己呢？哪怕是伴侣也做不到这一点。因此孝敬父母不单单是给他们赡养的费用，而且要“敬”，要真正以一颗爱心去呵护和包容他们。父母为子女付出了自己的青春年华，到了年老的时候身体和记忆力变差，被各种各样的病痛困扰，子女应该学会包容这一切，因为每个人都会有老去的那一天，孩子应该以父母对待子女的耐心和温柔对待老年的父母，千万不可留下遗憾。

在交通和通信发达的今天，关心父母不再是一件可望不可及的事情，当子女的要真正学会关怀自己的父母，如此才能对下一代言传身教，也避免给自己的人生留下不可弥补的缺憾。

·9·

累了，亲情为你“充电”

每个人都有属于自己的家，但家究竟是什么呢？可能每个人都有自己的答案。家，也许是一盏永不熄灭的灯，可以照亮前方的道路；家，也许是一个温馨的港湾，可以为家人遮风挡雨；家，也许是一潭清澈的湖水，能够宁静焦躁的心灵；家，也许是一束明媚的春光，可以带来温暖和喜悦；家，就是一丝牵挂，萦绕在人生的每个角落。

南怀瑾大师说：“家要讲爱，不可讲理；家要安静，不可吵闹；家要清洁，不可凌乱；家要真诚，不可虚伪；家要自由，不可强制；家要温存，家要小节。家要关心，家要体贴，家要理解，家要包容，家要忍让，家要幸福。”

家是爱的聚合体

社会学家说，家是社会的最小细胞；婚姻学家说，家是风雨相依的二人世界。南怀瑾大师说，家不仅是一座房子，也不是一个简单的概念，而是爱的聚合体，试看天下之家，皆为爱而聚，无爱而散。

有这样一则故事：曾经有位亿万富翁醉倒在自家别墅外，保安将他扶起想送他回家。富翁不肯，反问道：“我的家在哪里？”保安大惑不解，指着别墅说：“先生，那不是您的家吗？”富翁指了指那栋让多少人羡慕的高档别墅，哀怨地说道：“那不是我的家，那只是一座冰冷的房屋。”

家不是物质的堆砌，虽然物质能满足人的虚荣心，但是却填补不了内心的空虚。试想，就算家里装修得再豪华，却空荡冷清，没有一点关爱，那还是家吗？家是需要有爱的，充满了真情和真爱、有牵挂的地方才是家。

阿波是一名艾滋病患者，他的世界充满了痛苦和绝望，别人的嘲讽和躲避一度让他想要自杀，他不愿再连累家人。然而，亲人却没有放弃他。哥哥和嫂子送给他一本励志书，鼓励他不要放弃生命，并为他筹集了几万元的治疗费用。亲情让他燃起了活下去的希望，最终，他的病情开始好转。出院后，阿波决心珍惜生命，用行动去回报身边每个支持过他的人。在这则事例中，家上升为一种信仰，一种宗教，一种精神力量。

家是感情的港湾，是成长的摇篮，是灵魂的栖息地。家就是我们每个人避风的港湾！当你一帆风顺的时候，或许会忘记它，但是当你遇到风霜雪雨的时候，它永远会在那里忠诚地等待你。

家，不仅仅指房子，更包含至亲至爱的人。只有房子而没有爱的地方，不是真正的家，家是我们最重要、最熟悉的地方，也是我们最容易忽略的地方。家是彼此相互的爱和理解，能同甘共苦才是家。

家是治愈的良药

随着工作、生活节奏越来越快，现代人所面临的心理压力也越来越大。据调查，目前患有精神性疾病的人数已经超过心血管病，跃居我国疾病患者的首位，其中患有现代焦虑症的人数逐年增多。更加触目惊心的是：中国每年有二十八万人自杀死亡，二百万人自杀未遂。

什么是现代焦虑症？就是情绪焦虑，对人生充满绝望，总是处在重压之下无法自拔。导致焦虑的原因有三：一是生命追寻欲望的不可遏止；二是当代人浮躁情绪的弥散和扩张；三是焦虑对于人的幸福感的影响。

南怀瑾大师说，很多人因为对物质的追求和无谓的攀比而患上焦虑症，甚至把生活当作末日，每天都活在过度紧张中，而家人的关爱才是治愈的良药。家是一个放松的地方，让人心情舒畅、怡然自得。累了，烦了，伤了，痛了，你在家里都能找到释放的空间。回到家，可以听几首舒缓的音乐，静坐冥思；也可以饮一杯幽香的清茶，和家人分担你的苦恼。家人的鼓励和支持，从某种角度来说，可以治愈一切疾病。

时代和环境是我们无法选择的，但是我们可以选择如何对待生活，家的温暖可以让我们的心灵获得宁静，切勿在喧嚣的尘世间迷失了回家的路。

家就像一条清澈的小溪，缓缓流过心田，没有人会去打扰那安静，没有人会去破坏那清澈。家就像生活，虽然琐碎、繁杂，可是却真实、诚挚。

家是一个疗伤的地方，也许没有豪宅或者豪车，却有人安慰你，宽容你，谅解你，成为你心灵上的归宿。家是一个充满梦想的地方，你可以做任何旖旎的梦。如果没有家，就会像断了线的风筝一样，无依无靠；有了家，就有了治愈伤痛的良药。久别后的拥抱、晚饭后的散步、上班前的叮嘱、下班后的亲切问候，在亲情的抚慰下，生活才能幸福，心情才能愉悦。所以，家不但能让你享受到人生的快乐，更可以给你前行的勇气和力量。

Part 8

行平常之事，得异常之福

——南怀瑾谈幸福哲学

不是每个人都可以成为垂名青史的英雄，但是每个人都可以选择去享受平常日子里的幸福。人生不如意之事十有八九，但是只要常想一二，想想自己已经拥有的东西，常怀感恩之心，发现生活中的美好，幸福的感受就会由人的内心喷薄而出。对生活怀有热情、愿意看到生活美好一面的人，即使做的是平凡的事，没有惊天动地的成就，也能在衣食住行、油盐酱醋的日子中获得异常的、充盈的快乐和满足。

·1·

婆娑世界，幸福何处觅

一个人赤裸裸地来到这个世界，在尘世间游历一番，或一事无成，或功成名就，最后赤条条地归去，什么也不能带走。在世上游历之时，目睹形形色色的人和事，难免会有混迹在尘世之中的萧疏之感：婆娑世界，幸福到何处去寻觅呢？

幸福来自于人与人之间的相互温暖

人学会了直立行走，学会了使用工具，用一次又一次的科技革命征服自然，向大自然的领地高歌猛进。但是人始终改变不了群居的习性，例如鲁滨逊漂流到与世隔绝的孤岛，一心想着回归正常社会和正常生活，渴望与人交流、有人陪伴。婆娑世界，人的幸福其实很大程度上来自于人与人之间的相互关怀。尽管每个人都是独立的个体，但是个体之间总会产生交集，正是这些不可避免的交际、交往和交流，才能使人不感觉孤单，在寒冷的人世间也能感受到温暖与爱。

从呱呱坠地的那一刻起，人的生命其实就与父母的人生绑在了一起，遇到风雨父母会为孩子张开臂膀，让孩子的心安然地停靠在港湾中。父母无微不至的关爱带来的是这世间无可比拟的幸福感。

一个人可以没有兄弟姐妹，但是不可以没有朋友。朋友是相互依靠的臂膀，是发泄情感时的倾听者，是同风雨共患难的人生同行者。一个人远离父母独立生活，如果没有朋友的扶持和帮助，靠单打独斗是走不远的。朋友既可以泛指交际圈中认识的哪怕只有点头之交的人，也可以特指那些肝胆相照的知心好友。不管怎样，脱离了人际关系，心灵就会处于无处可栖的状态。

幸福来自于对真理和智慧的追寻

南怀瑾大师在讨论一个人的生存时强调，君子要找到安身立命的根本。那么，一个人安身立命的根本在哪里呢？是一个人借以谋生的手艺吗？笔者认为非也。之所以说婆娑世界，是因为从带有禅意的眼光去看世界的话，世界的斑斓多彩其实都是暂时的，或者可以说是虚幻的，而真实的东西到底是什么，又在哪里呢？这些都值得我们去追寻。真正的幸福在平庸的世俗生活之外，智者的追求超越平庸和世俗，是对真理和智慧的追求。苏格拉底也讲过“未经反省的生活是不值得过的”，下面就以他为例来论述真理和智慧带给人的幸福。

苏格拉底是雅典城邦中的异类，他不像一般的手艺人一心一意谋生存，也不像政治家热心于政治。他所爱好的乃是真理和智慧，他愿意为此孜孜不倦地追求。即便在生命的最后时刻，被以魅惑青年扰乱城邦秩序的名义即将被处死的时候，他仍然不愿意承认自己的罪名，也拒绝了学生提出的要帮助他越狱的提议。他说自己此时此刻是幸福的，幸福与痛苦相伴相生，在面临死亡的同时，他想到自己即将见到智慧的众神以及先哲，并与他们讨论真理和智慧，就觉得内心洋溢着幸福。

没有多少人在面对死亡的时候能像苏格拉底一样镇定从容，也没有多少人能像他一样如此轻视死亡而热爱智慧。追寻真理和智慧的幸福胜于千千万万，这就是为什么中世纪和文艺复兴之交很多科学家宁愿被烧死也不肯亲口否认自己通过科学试验发现的真理，这就是为什么很多共产党人遭到敌方迫害也不愿意低下自己高贵的头颅。

除了人与人之间爱的羁绊、真理和智慧的吸引之外，婆娑世界中还有很多地方可以寻觅到幸福，只是因每个人的性情和追求的差异大相径庭。对于喜爱美食的人来说，吃到美味佳肴就是人世间最完满的幸福；对于追星的人来说，听到自己喜欢明星的现场演唱就是最大的幸福。这些幸福都是真实而朴素的，小小的满足就可以汇聚成大大的幸福。而人与人之间的温情和对真理的爱，则是世界上确定无疑的爱与幸福，是值得一个人用一辈子去探寻和珍惜的。一个人如果拥有了这样的幸福，就应该倍加珍惜，因为这是婆娑世界里为数不多的温暖和慰藉，也是真正的心灵停泊之处。

·2·

吃亏是福，消解纷争于无形

老人言，人生有三福：平安是福，健康是福，吃亏是福。吃亏是福，这是老祖宗留下的至理名言，经过漫长的洗涤和锤炼，流传至现在这个浮躁喧嚣、争端不断的时代，仍然为很多智者所推崇，成为他们的处事之道。

南怀瑾大师年轻时曾去学道，途中经常遇到被骗、被坑的事，但他说把吃亏当作一次福报，修行路上就成功了。真正心甘情愿吃亏的人，是不会吃亏的。不能不说，“吃亏是福”是跨越时代的智慧。人活着之所以觉得累，皆是因为不肯退让，如若不与人争，多多忍让，虽然看起来是吃了大亏，却在不知不觉间将烦恼舍弃，这就是在积累福报。若能有如此雅量，你就会发现这个世界很美好，没有让人头痛的纷争，因为所有的纷争到了我们这里，都被我们心甘情愿的“吃亏”化解掉了。

失之东隅，收之桑榆

在工作和生活中，我们经常会遇到一些冲突，在争论和吃亏的岔道口，很多人都选择图一时之快，因为他们觉得“吃亏是福”仅仅是一句玩笑话。常有人问，吃亏是福，那福又在哪里呢？

上天是公平的，他关上了一扇门，就会为你打开一扇。也就是说，你认为吃了亏，但是从别处必然能得到回报，古时候的“塞翁失马，焉知非福”就是这个意思。不要在意一时的小亏，若你有肚量能做到，那更大的福报将会降临。

有人问李嘉诚的儿子李泽楷：“你父亲教了你一些怎样成功赚钱的秘诀吗？”李泽楷说：“赚钱的方法父亲什么也没有教，他只教了一些为人的道理。”李嘉诚曾经这样跟李泽楷说：“我与别人合作，假如拿七分合理，八分也可以，那么李家拿六分就可以了，吃亏是福。”

李嘉诚一生与很多人进行过长、短期的合作，结束的时候，他总是愿意自己少分一点钱。如果生意做得不理想，他就什么也不要，宁愿吃亏。同时李嘉诚一生还热衷于慈善事业，乐施好助，救济穷苦。也正是这种风度和气量，使许多人乐于与他合作，他也就越做越大。所以李嘉诚的成功，得益于吃亏是福的为人理念。

也许某些时候你会觉得自己倒霉透顶，吃了大亏，但这些都是一种磨难和积累，会让你收获更多，这就是福报的因果。所以古人说，失之东隅，收之桑榆，舍得舍得，只有肯舍，才会有得，有时候你吃的亏比你得到的利还宝贵千百倍。

难得糊涂，吃亏是福

清代书画家、文学家郑板桥题过几副著名的匾额，其中最为脍炙人口的是“难得糊涂”与“吃亏是福”这两副。这里还有个典故：

据说，郑板桥祖居江苏兴化县，乾隆时考中进士在外做官。其弟郑墨继承祖业，居住在家乡。有一年，郑墨想把居住多年的祖屋翻修一下。可是，祖屋与邻居共用一墙，邻居不同意翻修。于是，其弟将邻居告上公堂，打起官司。其时，郑板桥正在山东潍县任知县，郑墨写信给他，让他致函兴化县吏，帮助打赢这场官司。郑板桥接到书信后，便写了一封“吃亏是福”的回帖，并附诗一：“千里告状只为墙，让他一墙又何妨。万里长城今犹在，不见当年秦始皇。”

郑墨看了之后，深受其兄宽厚、大度的感染，撤了官司，很好地处理了邻里间的纷争。邻居感激涕零，两家和好如初。后来郑板桥将“吃亏是福”写成条幅，并加了“满者损之机，亏者盈之渐。损于己则益于彼，外得人情之平，内得我心之安，即平且安。福即在是矣”的题跋。

有些亏吃得难受，你又何苦为难自己，不妨装装糊涂，一笑了之。吃亏不光是一种境界，更是一种睿智。能够吃亏的人，往往一生平安，幸福坦然。不能吃亏的人，喜欢在是非纷争中斤斤计较，只局限在不能让自己吃亏的狭隘思维中，这种心理会蒙蔽他的双眼，势必要遭受更大的灾难，最终失去的反而更多。

我们要有吃亏是福的心态：若一个人处处不肯吃亏，处处想占便宜，于是骄狂之心日盛，难免会侵害别人的利益，于是纷争四起，又怎能不吃亏呢？其实幸福无所不在，吃亏是福，吃苦是福，平淡是福，傻人有傻福。

吃亏是福，关键在于心，在于不计较小小得失。只有从生活、为人处事中总结经验，反省自己，并有所改善，才是真正的智者。

·3·

莫以成败论英雄，幸福不在得失间

在多元化的社会价值观当中，有一种价值观是经久不败、为很多人所崇尚的，那就是以成败论英雄，以得失定人品。很多人以此为人生的真理，而对功名追求不倦，这样的生活方式不仅疲惫不堪，很可能还会让所有的努力都成一场空。

莫以成败论英雄

《三国演义》开头的《临江仙》如是说："滚滚长江东逝水，浪花淘尽英雄。是非成败转头空，古今多少事，都付笑谈中。"时间的流逝是一刻也不会暂停的，一个真正懂得生活的人不会选择以一种疲于奔命的状态来面对人生，毕竟往昔很多的努力和执着回头一看不过是一场空。就像纠结一次考试的排名，纠结周围人对自己的评价，这些都只会给人带来精神上的困扰，而不会激励人真正进步，人生的战场上其实没有成败可言，每个勇敢生活、努力奋斗的人都是真英雄。

人生的奋斗是必须的，但是生活如此短暂，如果不懂得欣赏和享受，时时刻刻都在考虑成败，这样的人生又有什么趣味可言呢？所以说莫以成败论英雄，人生的价值根本不能用成败二字简单概括或定义，难道一个亿万富翁的人生就算是成功的吗？假设他有一个不争气的儿子，他还算是成功的吗？成功始终是积压在人心灵上的重负，我们要懂得背着别人的目光谨慎前进，同时也要学会以正确的心态来面对成败得失。

心之所向，即是天涯

南怀瑾大师曾经告诫那些对成功过于执着的人说：“我们其实不需要对生活太用力，心会带着我们去该去的地方。每一个真实的现在都是你曾幻想的未来。人生一世，草木一秋，皆是过程。美与可爱，有心皆懂。时光漫长，换个切面观看，许多景象都会变成自己所不熟悉的景象。祸福未卜，喜忧参半。心是一棵树，在缄默中伫立，既能接受阳光，也能包容风雨。”史蒂夫·乔布斯也说过，在一个人不知道何去何从的时候，最好的选择就是倾听自己内心的声音，你的内心在一定程度上已经知道了你想做什么样的事、成为什么样的人。成败是非是障眼之物，很容易让一个人迷失方向，汲汲于功名，这个时候及时审视自己的内心，就能发现自己真正想要追寻的价值。

南怀瑾大师还告诫说：“人生苦短，要努力使自己每一天都开心而有意义。不为别人，而为自己。风景不转时，我们的心境便得转，否则人很容易困在死胡同里。有时候，只需一点点改变，生活便会更丰富，心情便会更明亮。有望得到要努力，无望得到不介意，无论输赢姿态都好看。无所谓得，无所谓失，只要快乐，就是一天的收获。读懂生命之重，才能看淡得失之轻。我们离死亡有多远，就离希望有多近。生存是两个永恒的黑暗中瞬间即逝的一线光明。一桩心事，想开了固然很好，如果怎么想也想不开，干脆将它丢掉。只要生命还在，无论发生什么，稍待时日，那都是身后的风。”确实，快乐是人生的真谛，在短暂的人生当中，如果因为无谓的事情困扰而使自己困在一片黑暗当中，那么人生还有什么幸福可言呢？所谓的功名不过是几张纸罢了，何必为之痛苦不堪呢？所以说心之所向，即是天涯，一个人的心会把他引向真正想要去的地方。

“白发渔樵江渚上，惯看秋月春风。一壶浊酒喜相逢。古今多少事，都付笑谈中。”如果还是执迷于功名的话，就把自己的生命放到滚滚江水般的生命长河中去想，自己一生的成败是非到头来不过是别人喝酒下饭的笑谈罢了，当初何必执着如斯？人活在世，要珍惜世界上美好的东西，比如亲情和爱情，以及与自然相处的愉悦，这些才是懂得欣赏生活的人所应具备的慧眼，才是内省开阔和光明的人所能看到的人生景象。得失心太重的人活得太累，何不向苏东坡学习，在经历了人生的风风雨雨之后依然步履从容，真正懂得“归去，也无风雨也无晴”的人生圆融的智慧。幸福原不在得失之间！

·4·

活在当下，即是真幸福

每个人都在寻觅幸福，那么幸福到底是什么呢？

南怀瑾大师是这样描述幸福的：幸福不是金山银山，也不是大鱼大肉，更不是有多大的功成名就。幸福其实就在身边，是家人的身体健康，是儿女的平安顺利，甚至是达成了一个小小的愿望。幸福很简单，就是活在当下，学会用感恩的心去看待一切。

珍惜拥有，活在当下

世界上有三类人：一类总在回首过去，一类总在幻想未来，还有一类在过去反省，把握所拥有的现在，为更好的未来而努力。

南怀瑾大师就是一个活在当下的人，他提倡在每个阶段做这个阶段应该做的事。大师年轻的时候努力学习，积极闯荡，为自己积累了很多的人生经历；当大师步入不惑之年的时候，他选择隐退修养，让自己更好地去感悟人生。

汉宣帝继位之初，想把祭祀汉武帝的“庙乐”升格，却遭到了光禄大夫夏侯胜的反对。夏侯胜为人耿直，得罪了很多大臣，于是有人乘机联合起来弹劾他“大逆不道”，连带把不肯污蔑他的丞相长史黄霸也以“不举劾”的罪名一起上报，于是两人一同被捕入狱，等待处死。

夏侯胜在牢里郁郁寡欢，身体也一日不如一日，一想到皇上如此薄情不免心灰意冷。黄霸却生性乐观，之前他一直仰慕夏侯胜是个大儒，只是一直没有机会请教，现在被关在同一间牢房，他便主动求教于夏侯胜。夏侯胜却没有心情，他说：“咱们都是将死之人，现在说这些还有什么用呢？”黄霸说：“孔子有言：‘朝闻道，夕死可矣。’人应该活在当下，珍惜所拥有的，学有所得，心有所悟。过好今天，何必去想虚无的明天呢？”夏侯胜听了精神为之一振，此后，便每天和黄霸说文谈经，交流心得，学得津津有味。

汉宣帝念在二人是贤臣，并没有处死他们。两年后大赦天下，夏侯胜和黄霸由于每天都在研读诗经，学问反倒更加精进了。后来，夏侯胜以正直博学做了太子的老师，天下儒生都引以为荣。黄霸以精明干练、政绩卓著而名扬天下。

如果当初经历牢狱之灾的夏侯胜和黄霸对生活失去了希望，又怎么会有夏侯胜九十岁高龄的荣耀、黄霸为相第一的美誉呢？正是因为他们活在当下，珍惜所拥有的每一天，哪怕在牢狱中也坚持读书，才会有这样一段佳话。

有时候，我们的痛苦都来源于眼睛只看到自己没有的东西，而看不到自己拥有的东西，所以只能让自己活在对过去的悔恨和对未来的贪婪之中，无法自拔。活在当下，不沉迷于过去，不奢想于未来，让现在的每一天都过得非常充实，珍惜每一段时光，这样才能拥有一个美好的生命历程。

顺其自然，活出自我

南怀瑾大师常说，人活着不要贪图轰轰烈烈，可以淡泊明志，可以宁静致远，但是一定不可以迷失自我，不可以人云亦云，不可以丧失最基本的个性，没有自己的判断。人不要盲目而活，不要总与人攀比，要坦然地活出自我，在心中保留一块净土。

很多时候，人都是自寻烦恼，心态淡然时，一切自然很顺，而一旦有了欲望，烦恼也就接踵而来。就如同摄影一样，用什么机器其实无所谓，只要拍出的片子令自己满意就行。可是，当别人在说如果用高档机器能拍得更好的时候，信念就会开始动摇，从而忽略拍摄过程的美好，更加看重别人的眼光，这样就会拍不出好的片子。究其根源，还是自寻烦恼，非要在乎别人的眼光，更加看重机器的品牌而忽略自身的技术，你说累不累？自生烦恼不说，反倒是弄得本末倒置，本来寻快活的，最后弄得徒伤悲。人生，顺其自然就好，心安自然快乐。心无旁骛，看淡人生苦痛，淡泊名利，心态积极而平衡，有所求而有所不求，有所为而有所不为，不用刻意掩饰自己，不用势利逢迎他人，只是做一个简单真实的自己。即使失意，也无所谓得失，坦坦荡荡，真真切切，平平静静，快快乐乐。心安，便是活着的最美好状态。人们一直说要寻找自我，其实自我不需要寻找，始终都在身边，人要学会顺其自然。人生如戏，做好自己人生的主角。郑板桥说：“千磨万击还坚韧，任尔东西南北风。”活出自我，何需犹豫。

正如南怀瑾大师所说，我们虽然堵不住别人的嘴，但可以捂上自己的耳朵；我们虽然可以捂上自己的耳朵，却不能控制住让心不想。因此，最重要的还是修炼心性。有时候，不必太过于在乎别人的评价，在不影响他人的情况，顺其自然，做好自己不也挺好的吗？

当你觉得岁月静好之时，其实幸福已悄然来到你的身旁。

·5·
幸福，有时只需要一点点知足

央视曾经办过一个调查节目，记者到街头随机对路人进行调查，问题就是：“你幸福吗？”人们的回答多种多样，有回答自己现在就很幸福的，有回答自己正在追求幸福的路上。有的人认为幸福就是事业成功，有的认为幸福就是和家人待在一起。可见，人们对于幸福的定义是多元的，但是幸福最核心、最本质的东西还是有定论的。每个人能追求到让自己满意的程度，就能到达幸福。南怀瑾大师在谈论人生的幸福时指出，“知足”是人生中非常重要的命题。

知足常乐

每个人都希望自己过得更加幸福快乐，总是为此而追求更多的物质享受，有吃有穿又盼望着能住高档酒店、能穿名牌，有了车又希望能换性能更好的新款车，这些欲望就像幽灵一样缠绕着人的灵魂，最终绳索越拉越紧，使得一个人喘不过气来，到头来疲惫不堪，辛辛苦苦换来的东西可能也没有时间去享受。事实上，获得幸福有一个十分简单快捷的途径，那就是知足。正所谓“知足常乐”，人的眼光不应只看到自己没有的，而应该看到自己已经拥有的。就像沙漠中的旅人手中有半杯水，懂得知足的人会看到自己的手中还有半杯水，而悲观的人就会认为自己只剩半杯水了。知足会让一个人懂得珍惜现有的东西。

有这样一个故事：一个年轻人很羡慕一个腰缠万贯的老富翁，向他抱怨自己一无所有。老人便问他，他是否愿意用自己的一只手或者一只脚来换取富翁的一半财富，年轻人拒绝了。老人把他的用意告诉了年轻人：拥有健全的身体是上帝宝贵的恩赐，年轻人应该看到这一点，这些都是金钱买不来的财富。这个故事说到的知足的道理对于每一个在世上汲汲追求的人都具有启发意义。所谓“人生之不如意十有八九”，没有哪个人能在世界上真正活得顺心顺意，如果一味追求自己暂时无法得到的事物，会给心灵带来极大的痛苦。所以即便“不如意十有八九”，人也要“常想一二”，时常想起自己如意的、拥有的东西，并以这样一颗感恩之心面对世事。

认识生命的价值，不贪得无厌

南怀瑾大师在谈论到知足与幸福的关系时引用了这句话：“名与身孰亲，身与货孰多，得与亡孰病，是故甚爱必大费，多藏必厚亡，知足不辱，知止不殆，可以长久。”意思是说，名声与自己的身体比起来哪个更亲近呢？身体与钱财哪个价值更大呢？得到与失去哪个更让人担心呢？所以说太吝啬必定会因此而损耗，藏着很多东西一定会担心自己有一天会失去，知道满足就不会自取其辱，这样才能长长久久。由此可见，钱财只是身外之物，保持够自己生活的数量就可以了，不必要追求不止甚至不惜丢掉自己的生命。一个人要懂得知足，懂得知止，这样才能长久快乐地生活下去。

《庄子·杂篇》中的《让王》一篇中提到，韩国遭到魏国的骚扰，两国交战，韩国输了，魏国要求韩国割地，韩国的君主实在不愿意，并为此感到十分痛苦。一个名叫子华子的人就劝韩王把土地割掉算了，现在让了地，将来还可以反攻拿回来。他问韩王：“名利权位与身体比，哪一个重要？”韩王说：“当然身体重要。”子华子再问他：“身体与膀子比较，哪一个重要？”韩王毫不犹豫地回答说：“当然身体重要。”所以子华子就劝他：“现在你等于生了病，两个膀子非砍不可。你砍了膀子以后仍有天下，有权位，你是愿意要权位，还是愿意要膀子呢？”韩王说：“我看还是命比膀子重要。”后来禅宗大师相堂禅师有名的诗句“天下由来轻两臂，世间何故重连城”，就是由此而来。所以一个人要懂得知足，懂得看到自己眼前已经拥有的东西，不要为了虚无缥缈的东西而牺牲掉自己实实在在已经拥有的。

比方说，当一个人身体健康的时候，就不要糟蹋自己的健康，用生命来换取钱财；当一个人的父母还健在的时候，就要珍惜父母的爱，好好地与父母相处，而不要妄图从陌生人那里寻找温暖和爱；当一个人拥有一定的积蓄的时候，就要考虑清楚是否要冒风险把自己的积蓄投进股市市场中。毕竟已经拥有的东西是实实在在的，懂得知足就是懂得感恩和珍惜，这样的生命态度能使人在忙忙碌碌的生活中找到自我，而不被物质的欲望裹挟，不成为物质的奴隶。知足常乐是一个简单实用的道理，也是一个人内心丰盈的体现，一个人有了丰盈的内心，还有什么样的险阻会让他产生畏惧之心呢？还有什么样的境遇能让他没有勇气前进呢？一个懂得知足的人无论在什么样的人生际遇之下都能随遇而安，都能在自己的内心筑起一个坚固的避风港，这样的人才是真正的勇者和强者，才会成为生活的主宰。

·6·
剔除妄念，让幸福充盈内心

知足是接近内心幸福的捷径，而剔除内心的妄念，既与知足紧密相关，也是实现内心快乐的重要途径。所谓剔除妄念，就是把内心不实际的、狂妄的想法去掉。

扫除妄念，内心安宁

南怀瑾大师在谈及扫除内心的妄念时曾经以他写的一首诗来说明此

理："秋风落叶乱为堆，扫尽还来千百回。一笑罢休闲处坐，任他着地自成灰。"大师指出，妄想用不着你自己去扫空它，因为扫是不可能扫空的，只要你不去想，它自然就空了。南怀瑾大师的这一段话比较玄妙，但其实道理很简单。人生一些狂妄的念头在一个人的脑子里纠缠不休，这些念头是没有任何用处的落叶，堆积在脑子里会渐渐腐朽。这些妄想使得人产生抑郁、狂躁等情绪，人意识到这些念头对自己有害，就会想着把这些妄念扫除。但是一旦开始扫除，又会发现妄念其实是不能清扫干净的，并因此而苦恼不堪，这时候又会有另一种狂躁的情绪袭来。

南怀瑾大师指出，一个人应该用正确的方式来扫除妄念，这种方式看似简单，事实上却十分玄妙。要想彻底扫除妄念，最根本的就是不去想它。比方说，当别人都有独立的大房子的时候，你们一家人还挤在商品房里，这时候就会产生羡慕、嫉妒等情绪。如果此时以"富贵在天"等道理来说服自己，其实会让人在这种烦躁的心情中越走越远。最好的方式就是这样想：既然自己还有房子可住，不至于流落街头，那就不用去想房子的事情了，多想一些其他更有意义的事情。所谓妄想，就是一些虚妄、狂妄的念头，一旦在人的心里生根发芽，就会逐渐改变人的性质和属性，只有真正剔除，才难腾出空间让心灵感受真正的幸福。

认清自我，甘于平常

南怀瑾大师在谈到扫除虚妄时还谈到很重要的一点，那就是一个人要甘于平常，不要把时间和精力浪费在不可能的事情上，不要把心力耗费在不可触及的幻想上。一个不曾学习过基础数学的人不要妄想马上能解出著名的难题，一个只学会英语音标的人不能急着去做英语翻译，人应该懂得守住本分，不追求不可能的东西，否则会给自己带来无谓的苦痛。追求的过程是一步一步地进阶，要认清自己在现阶段的水平和状态。

一个时代、一个行业只有那么几个耀眼的人物，大多数人都是平平淡淡，过自己的平凡日子。这个世界不仅需要在舞台上表演的英雄，还需要在路边鼓掌的平凡人，甘于平常意味着知足常乐，意味着实现自己定义的幸福。把自己的生活过好其实是一种本事，能够剔除内心的妄念，才是真正的幸福。

举个例子来说，刘邦手下的几个臣子，张良和韩信就构成鲜明的对比。张良有运筹帷幄的才能，韩信则是带兵打仗的能手，但是他们都没有刘邦那样把天下掌握在手心中的能力和拉拢人才的吸引力。张良有自知之明，他明白自己已经尽到一个军师的职责了，他所得到的结局也是一个军师能够得到的最好的结局了，因此他在功成名就之后向刘邦请求告老还乡，从此远离朝野，“赢得生前身后名”。而韩信从被招入刘邦麾下就一直想着封王，直到后来被鼓动叛乱，皆因心有妄念，想要取刘邦的位置而代替之，结果还是功败垂成，不得善终。虽然拼搏和奋斗的精神被人反复强调，但是很重要的一点是，有些东西，比如说天人的才能、家庭、身体条件，包括一些比较巧合的机遇，这些都是打拼和奋斗无法超越和克服的，一个人要是能清楚地认识到这些，就能把自己的精力转移到擅长的事情上，而不至于被妄想困扰而迷失方向。

剔除妄念说起来容易做起来很难，因为它需要一个人真正地认清自身，并且敢于承认和认可自己。另外，它还需要懂得知足常乐的心态，在熙熙攘攘的人潮中找到自己的方向，在物欲横流的社会中坚持自我，不做物质的奴隶。一个人只有真正剔除妄念，才能体会到内心的快乐，才能体会到功利主义者永远也体会不到的幸福。

·7·
人生是一场修行，一切不幸都只是过程

孟子曰："天将降大任于斯人也，必先苦其心志，劳其筋骨，饿其体肤，空乏其身，行拂乱其所为，所以动心忍性，曾益其所不能。"上天要培养出非凡的人才，须得用苦难来磨炼他的心智，要他走完长长的黑暗隧道才最终看到阳光。苦难是人生旅途中不可避免的驿站，是通往成功之路上必须攀登的山峰。

祸重乎地，莫之知避

南怀瑾大师这样解读庄子的名言"福轻乎羽，莫之知载；祸重乎地，莫之知避"：幸福如羽毛一样轻盈飘忽，握不紧也抓不住，随时可能逝去；而灾祸沉重如大地，我们日行其上，并无躲避的良方，因此最佳应对之道便是与之一起存在。

西西弗斯是希腊神话中科林斯城的创建者。西西弗斯生性机智，当他感到死神塔纳托斯差不多来时，就蒙骗塔纳托斯令死神自己戴上手铐，结果地上再没有人进入冥国，人们停止对冥王哈得斯进行献祭。由于西西弗斯太狡猾，他被判要将大石推上陡峭的高山。每次他用尽全力，大石快要到顶时，石头就会从其手中滚回山下，如此永无止境地重复下去。人们后来用“西西弗斯式”来形容“永无尽头而又徒劳无功的劳动”。这个故事中，西西弗斯的命运无疑是不幸的，是什么程度的不幸呢？推石头上山，然后看着自己的成果付诸流水，循环往复；这还不算，最刻骨的悲惨在于，他清楚地知道，自己永生永世无法逃脱这种悲剧命运。

南怀瑾大师说，人生是一场修行，一切不幸都只是过程。倘若西西弗斯纠结于自身的不幸命运，恐怕他捱不过惨淡年月。要与这种无止境的悲剧命运对抗，唯有将其看作生命的必经之路，自己是苦行僧，在走通往喜乐的苦行路，不幸只是过程。智者说，“天堂固然好，但却有人偏要去地狱。极乐世界固然使人羡慕，心向往之，但却有人愿意永远沐浴在无边苦海中，以苦为乐。与其舍一而取一，早已背道而驰。不如两两相忘，不执着于真假、善恶、美丑，便可得其道妙而逍遥自在了。”就是这样的道理。

世人熟知《西游记》的故事，唐三藏师徒五人从东土大唐西行至天竺，历经九九八十一难，终于捧回真经。取经路上，师徒有过矛盾争执，遇到过狰狞的妖怪，风沙肆虐，长途跋涉，依然没有磨灭取经的信念，最终功德圆满，夙愿得偿。唐僧师徒的取经路正如漫长人生的修行，所遇的不幸仅是过程，不仅没能将他们击垮，反而更磨砺了他们的信念。“人生是一次航行。航行中必然遇到从各个方面袭来的劲风，然而每一阵风都会加快你的航速，只要你稳住航舵，即使是暴风雨，也不会使你偏离航向。”西·切威廉斯的话，恰似这段艰难西行路的绝妙注脚。

唯其痛苦，才有欢乐

南怀瑾大师形容最好的状态是，“得意时儒家、失意时道家、绝望时佛家”。这是什么意思呢？意即，春风得意时，要学会积极应对；倘若门前冷落车马稀了，也要淡定面对，并学会自得其乐；临到人生的大绝望大悲摧，便看破放下，四大皆空。无论面对什么样的际遇，我们都应该平和自己的心境，以修行者的态度去接受，顺境时提醒自己切莫过分得意，逆境时安慰自己一切总会过去。这种宠辱不惊的态度，只有在经历过大风大浪的人身上才能管窥一二。

有些人虽然经历了不幸，却依然创造出人生奇迹。梵高不被人认可却坚持作画，张海迪身体残疾但是意志坚定，霍金躯体被限制在轮椅之上而思维却驰骋在太空世界。这充分说明，苦难并不是人生的全部，当它来临时，只需坦然面对，苦难与雄心壮志、宏伟愿景并行不悖。

印度诗人泰戈尔说，“只有经过地狱般的磨炼，才能炼出创造天堂的力量。只有流过血的手指，才能弹奏出世间的绝唱。”贝多芬的人生经历便是对这句话的最好诠释。一生创作了九首编号交响曲、三十五首钢琴奏鸣曲、十部小提琴奏鸣曲、十六首弦乐四重奏、一部歌剧及两部弥撒等作品的著名音乐家贝多芬，继遭遇了不幸的童年之后，当他在音乐界崭露头角时，却遭遇了耳聋这种对音乐家而言无异于致命一击的事情。所幸，贝多芬并没有被疾病击垮，他凭着顽强的意志“扼住命运的咽喉”，口咬木笔坚持作曲，于是才有了我们如今听到的动人乐章。贝多芬形容自己的人生时说，“唯其痛苦，才有欢乐”，这不得不令我们动容。

人生如逆旅，亦如船行海上，无人能一直顺风顺水地抵达彼岸。经历了大风大浪、见过了幸与不幸的我们在踏上彼岸的那一刻，将拥有更加从容的力量。

·8·
少抱怨，才能与幸福结缘

工作和生活中，难免会遇到或多或少的不如意的事情。面对这些不如意，你是直面生活中挑战，感谢命运对你的锤炼，豁达处理，笑对人生呢？还是一味地去怨天怨地，埋怨命运的不公，埋怨自己遇人不淑，从此开始无休止地自怨自艾、一蹶不振呢？

面对生活中的不如意，南怀瑾大师明确地告诉我们：“一个人经历得越多，他的抱怨就会越少。越是优秀的人越是努力，这一现象的根源在于，优秀的人总能看到比自己更好的，而平庸的人总能看到比自己更差的。真的努力后你会发现自己要比想象的优秀很多。”南大师指出，人生不是止水，总会出现许多出乎意料之事。泰山崩于前而色不变，风波骤起而泰然处之，就显得很重要。转危为安往往需要高超的心智，也需要好的心态。多思索少激动，多仁爱少仇恨，人生才能变得更加美丽。谁都愿意做自己喜欢的事情，可是做你该做的事情，那才叫成长。

少抱怨获得前进动力

南怀瑾大师这样说过：一个人的豁达，体现在落魄的时候；一个人的涵养，体现在愤怒的时候。遇到挫折和挑战时不自怨自艾，不怨天尤人，这样才能获得在困难面前勇往直前的不竭动力，才能做一个生活中的战士。

英国作家萨克雷说："生活就是一面镜子，你笑，它也笑；你哭，它也哭。"所以，当你以消极的态度去面对眼前发生的变动，那么你收到的回馈也是消极的，如此恶性循环，最终获得的只是自己朝气的损耗。

因此，不要只顾着眼前的抱怨，要向前看，进而迈开腿，向前走。毛泽东和蒋介石都非常推崇曾国藩的治家哲学，因为他教育出来的孩子都非常优秀：儿子曾纪泽是清末著名的大外交家，孙子曾广钧是著名的文学家，他的后代人才辈出。被称为儒家最后一位圣人的曾国藩，将自己的书斋命名为"求缺斋"，意思就是希望事情不要太圆满，面对不圆满的人生，不抱怨，不蹉跎，勇往直前。曾国藩的思想影响了中国上百年，他对于不抱怨的理解已经深入到日常的生活。

阿里巴巴董事长马云的人生值得许多年轻人去研读。在前37年里，可以说马云的人生就是两个字：失败。然而，三十七岁之后的马云究竟是靠着什么一下子飞黄腾达的呢？其实马云的秘诀就是：永不抱怨。前三十七年的失败没有让他停下脚步，失败了再爬起来，他把所有的时间都花在自身的进步上，没有时间去抱怨社会、抱怨命运。马云之所以成功了，就是因为不去抱怨让他有了力量去迈向成功。

少抱怨，试着感恩

南怀瑾大师曾经对他的学生多次讲过，要用一颗感恩的心去面对这个世界，即使你可能遭遇困境，即使你一直命运多舛，如此你才能收获自己的幸福。

从心灵世界来说，会感恩的人才具有感受幸福的能力，或者说，越会感恩，你就越能感受到这个世界的美好。即使是在我们的日常生活中，无论是在任何一个集体，抱怨的成员总是会给集体带来负面的影响。即使这种抱怨在一定程度上可以反映出集体出现的一些问题，但是一味地抱怨并不能为解决问题提供方向，只能是让集体的凝聚力变得涣散。换句话说，爱抱怨的人对于集体来说肯定不是一个优秀的成员，从本质上讲，他只是在推卸自己的责任，是一个不合格的员工。

因此，不要把自己陷入抱怨的深渊。少抱怨的人生，才是值得让人信任的人生，这样，你在未来的路上才会走得更远。学会感恩，你才能收获一份美好。

古语有云："怨招祸、满招损、谦受益。"科学试验也表明，一个人长期在抱怨的心态下工作和生活，体内会聚集很多毒素，进而心境就会浮躁，情商将会降低，反应将会变慢，思想将会僵化，静不下心来做任何事情，享受不到工作和生活带来的任何乐趣。

其实，不要把成功定位得太过于物质，成功是要自己实实在在感受到的幸福。可能你并不富有，没有豪车豪宅，但是说不定在你羡慕别人的同时，别人也在羡慕你。你觉得自己不容易，或许别人比你更不容易。从根本上来说，没有一种生活是完美的，也没有哪一种工作是令人满意的，健全丰富的人生应该酸、甜、苦、辣、咸五味俱全。

因此，学会感恩吧。感恩和抱怨相比，不仅是一种积极的生存动力，更是一种强者的思维方式，感恩实际上是化解抱怨的一剂良药。当你面临挫折时，感恩会让你坚定信念；当你遇到困难时，感恩会让你找到朋友；当你奔向成功时，感恩会让你头脑冷静。感恩是一种心态，是一种强者勇往直前的锐气，是一种智者百折不挠的人生攻略。感恩者宽心，平心，虚心，潜心，定心，诚心。宽心能容天下之物，平心能论天下之事，虚心能纳天下之言，潜心能观天下之理，定心能应天下之变，诚心能待天下之人。

·9·
有缺憾不是一件坏事

我们从小被教导“莫等闲，白了少年头，空悲切”，“少壮不努力，老大徒伤悲”，连诗仙李白也主张“人生得意须尽欢，莫使金樽空对月”，谁都不希望一生有所遗憾。但“金无足赤，人无完人”，没有什么是十全十美的。人生是一种平衡，你拥有了这样，必然会错过那样；你什么都想得到，结果往往会失去更多。不要害怕做错什么，即使错了，也不必懊恼，人生就是对对错错，何况有许多事，回头看来，对错已经无所谓了。南怀瑾大师也从爱情的角度讨论过这个问题：“心痛也是一种体验。没有失恋过的人，不知道什么是爱情；没有失败过的人，不知道什么是成功。当你遇到不如意之事时，并非全然是坏事。”

遗憾，让我们懂得珍惜

子欲养而亲不待是一种遗憾，这遗憾也警醒着我们抓住机会为父母尽孝心。曹秋芳为我们做出了表率，这个1992年出生的小女孩所经历的童年是绝大多数“90后”无法想象的：母亲在生下她后不久就瘫痪在床，为了给母亲治病，家里欠下了10多万的外债。父亲为了还债外出打工，年仅四岁的曹秋芳就担起了家庭的重任，从小学到初中，从初中到高中，她一直“背着”妈妈上学。她说，“照顾我妈妈是应该的，困难的日子坚持一下都会过去，而且我读上了书，考上了大学，我小时候最大的梦想已经实现了，我很感恩。”曹秋芳的童年经历虽不完美，却让她更加懂得亲情的重要，更加懂得感恩。

相爱却不能相守也是一种遗憾。电视剧《半生缘》中男女主人公的真爱让我们感动，但命运与缘分的错位让他们各奔东西，许多年后，当他们再见面时，已物是人非，只有深深的遗憾和无奈，但那份情却弥足珍贵。佛说，前世的五百次回眸，才换来今生的擦肩而过，那走到相爱相知这一步，怎能不珍惜这份情缘？

2008年汶川地震之惨烈至今仍未退出人们的记忆，频发的危机事故引起了人们对安全的深深忧思。人类在灾害事故面前是如此脆弱，如此不堪一击。我们为那些逝去的生命和受伤的家庭感到遗憾，但这同时也是一种警醒，我们必须加强安全防范意识，抓紧时间去做想做的事，去爱家人，因为“天有不测风云”，我们不知道下一刻会发生什么。

经历过遗憾，才知道珍惜，如果不是刻骨铭心，又怎能懂得生命是如此地美丽。懂得了遗憾，就懂得了人生，人生的每一次遗憾，都有着无法忘怀的东西，它会永久地在我们的内心深处产生共鸣。

虽遗憾，然风景独好

我们每个人都是缺了一个角的圆，历经千辛万苦找到那一角后终于可以按照完美的弧线飞速旋转，然而却根本来不及欣赏沿途的风景，这才发现，有时候遗憾比完美带给我们的更多。

维纳斯的手臂原本是完整的，但正因为过于完美而失去了整体的圆满，于是雕塑家砍掉了她的双臂。失去双臂的维纳斯，折射出的不是臂膀下的缺陷，而是整体和谐的圆满与完美。缺陷只是圆满的另一种表现。

地坛里，一位年轻人坐在轮椅上深思。在他出世后的第二十个年头，上帝跟他开了一个大大的玩笑，他不得不忍受肉体残疾的折磨。不能像正常人一样活动使他感到很遗憾，但在经过一番挣扎后，他敞开了心扉，用另一种眼光审视自己，从而得到了心灵上的净化、精神上的圆满。他就是史铁生。

一个女孩出生后19个月，高烧夺去了她的视力与听力，没办法像健全人一样享受生活是她人生的一大憾事，但她没有放弃，在莎莉文老师的帮助下，她学会带着一颗快乐而感恩的心去面对人生的不满，在黑暗中找到了人生的光明面，最后把慈爱的双手伸向全世界。她就是海伦·凯乐。

遗憾，使他们痛心，使他们迷茫，使他们挣扎，但也使他们在浴火重生之后更加光彩夺目，他们的人生也经历了一段绚烂旖旎的独特风景。

“所有的悲伤，总会留下一丝欢乐的线索，所有的遗憾，总会留下一处完美的角落”，几米这句唯美动人的话语又何尝不是对“遗憾”的完美解读。或许有点遗憾才叫人生，如果我们因为错过太阳而流泪，那么我们也将会错过群星。遗憾不一定是坏事，它让我们学会珍惜，它让我们认清自己，也让我们领会不一样的风景。顺其自然，遗憾也是完美的一部分！

Part 9

弹指一挥间，生死任自然

——南怀瑾谈生死哲学

死生亦大矣，生老病死是天地间莫大的事情。死亡是每个人最终必须走向的结局，是生命中挥之不去的阴影，但若将其视为重负，那么生命会因之而黯淡无光、了无生趣。一个人要懂得放下生生死死带来的精神压力，将生死与花开花落、云卷云舒等自然变化等闲视之，既清楚地看到死亡的结局，不浪费生命，又不因生命的流逝而哀恸不已，以从容平和的心态享受生命之旅。

·1·
好好活着，才可以好好死去

南怀瑾大师说：“生命是‘生’和‘命’的组合。换句话来讲，看起来是二元论的生命，实际上不是二元论，是一元论。生命后面有那个‘能’，分成阴、阳两个组合，它的作用表面看起来是二元，实际上是统一的，也就是哲学上讲的‘心物一元论’。中国文化对于生命价值，是我们从小就记住的两句话：‘生有轻如鸿毛，死有重如泰山。’中国文化的教育培养一个人的人格，对于生、死的看法是两个方向。没有意义地活下去，就是‘生有轻如鸿毛’；有意义地死去，叫‘死有重于泰山’。尤其对于知识分子来说，更加注重节操和品格。看似轻视生死，其实是非常重视生死。这是生命的意义与价值。”赫伯特也说过，真正的圣者的信条是善用生命，充分地利用生命。生命具有不可重复性，只有好好活着，才可以好好死去。

珍惜生命，实现自我

“人最宝贵的是生命，生命每个人只有一次。人的一生应该这样度过：当他回首往事的时候，不因虚度年华而悔恨，也不因碌碌无为而羞愧；这样，在临死的时候他就能够说：‘我的整个生命和全部精力，都献给了世界上最壮丽的事业——为人类的解放而斗争。’”《钢铁是怎样炼成的》中保尔·柯察金的这段动情告白给了无数人以追求崇高事业的动力。生命短暂易逝，我们应该珍惜生命，多做有意义的事情。

众所周知，邓亚萍从小就酷爱打乒乓球，却因为身材矮小、手腿粗短而被拒于国家队的大门之外。但她并没有气馁，而是把失败转化为动力，苦练球技，据统计，她每天接球打球一万多个。功夫不负有心人，最终她如愿以偿站上了世界冠军的领奖台。在她的运动生涯中，她总共夺得了十八枚世界冠军奖牌，在乒坛世界排名连续八年保持第一。1997年以后，退役的邓亚萍先后到清华大学、英国剑桥大学和诺丁汉大学进修学习，并获得英语专业学士学位和中国当代研究专业硕士学位。此外，她还是两次北京申奥代表、四次奥运火炬手经历以及现在的北京奥组委官员。身体条件的限制不能阻止她追求灿烂人生的步伐，她的人生故事就是一个传奇。

张海迪也为我们树立了楷模。她五岁患脊髓病，胸部以下全部瘫痪。无法上学，她便在家自学完中学课程。十五岁时，张海迪跟随父母下放（山东）聊城农村，给孩子当起教书先生。她还自学针灸医术，为乡亲们无偿治疗。后来，张海迪自学多门外语，还当过无线电修理工。在残酷的命运挑战面前，张海迪没有沮丧和沉沦，她以顽强的毅力和恒心与疾病做斗争，经受了严峻的考验，对人生充满了信心。她没有因为命运的不公而自怨自艾，相反，她用毅力和爱心书写了生命的华彩。

生活对他们并不公平，但她们没有怨天尤人，而是珍惜生命，积极生活，不断突破自己，以自己的方式实现自我价值。

活在当下，不留遗憾

什么是最好的生活？南怀瑾大师给出了这样的答案：知道自己喜欢什么，并且努力去追求它们，同时享受追求的过程与结果。每个人只需要顺从本心，自然而然地做自己想做又该做的事就行了。

在参加《中国好声音》之前，姚贝娜并不为公众所熟知，在节目中唱了第一首歌之后，她如一颗耀眼的明星抓住了公众的眼球，尤其是得知她演唱了红透半边天的宫廷剧《甄嬛传》的片头曲《红颜劫》以及其他插曲之后，姚贝娜这个名字一夜爆红。然而，这已经是她与乳腺癌抗争过后身体逐步得到恢复之后了。以她的身体条件，本不应参加高强度、高压力的活动的，可是一个为音乐而生的人只有在歌唱的时候才能得到满足，哪怕以付出健康为代价。后来因病情恶化，姚贝娜的人生定格在三十三岁，虽然短暂，却精彩得足以让整个世界铭记。她的人生已经没有遗憾了。

万科集团的创始人王石虽然因为感情生活饱受争议，但他这种活在当下的态度也确实使他的人生可圈可点。1998年，四十七岁的王石第一次尝试真正的自由飞行——飞滑翔伞。2000年，王石在西藏青朴创造了中国飞滑翔伞攀高6100米的纪录。2003年5月22日14点37分，五十二岁王石成功登上珠峰，成为中国登顶珠峰年龄最大的一位登山者。他曾被医生诊断可能下半辈子将在轮椅上度过，但此后四年成功登上十一座高峰。在自己有时间、有条件的时候，他还选择去哈佛游学。他没有让别人的眼光左右自己，他所做的每一件事都很有挑战性，因为这种活在当下的态度，他的人生也少了很多遗憾。

“好好活着，你就是奇迹”，我们无法决定自己的出生，却可以选择自己的生活。生命在时间面前是平等的，既然如此，为何不好好活着呢？

·2·
生死有畏如何了，大度从容看生死

所谓“死生有畏何时了”，指的是如果一个人在活着的时候一直担心死亡的到来，那么这种畏惧就会没完没了，直到生命的尽头；而“大度从容看生死”，指的就是不把生死看得太重，能够从容视之。生命是人一生中最为珍贵的东西，谁都不会淡然处之，然而如果把死生太过牵挂于心，难免会成为负累，因此学会大度从容地看待生死，便成为生命中重要的课程。

生命无常，死生在天

南怀瑾大师在讨论人生时说道：一个人应该培养坦荡的胸怀，无论顺境还是逆境都是会过去的，面临同样的归宿。

从佛教的观点来看人是不生不灭的，此生过了还有来世，生命并不会真正地终结。佛教的这种轮回观念从另一个角度为我们看待生命提供了思路。一个人去世之后，有机物被分解成无机物，回归大自然，重新进入到生命、生态的循环当中，或者成为花花草草的养分，或者融入空气当中，这样看来死亡也不是一件很糟糕的事情。而对于那些愿意把自己的器官捐献出去的人来说，生命的一部分还会在别人身上延续，这样看来，生命其实并没有真正断绝。

庄子对待生死的态度是惊人的释然。他的妻子去世时，友人看到他鼓盆而歌，一副很高兴的样子，没有丝毫的悲伤。友人感到十分诧异，便询问庄子为什么没有悲伤的情状。庄子解释说，人生就是受到身体这副皮囊所困，现在他的妻子脱离这副皮囊了，作为她的丈夫应该为之感到庆幸。庄子的生死观可谓是惊世骇俗，但是也有可借鉴之处。人一生确实会承受许多痛苦，而这些痛苦带给人的折磨会在人离世的时候最终消解，人的灵魂也能因此获得真正的自由。这说起来有点悲观，但是不无可取之处。

正视生命，从容看生死

讲透生死的道理，尤其是讨论死亡，并不是为了悲观地看待生活，恰恰相反，是为了能更好地生活。

死亡，跳出三界达极乐，在南怀瑾那里，是佛的目的。“佛为心，道为骨，儒为表，大度看世界；技在手，能在身，思在脑，从容过生活。”毕生研究生命学问的南怀瑾，对待死亡，也自有他的大度与从容。南怀瑾大师经常谈论死亡，他对此其实是无所畏惧的。他的一生传道授业解惑，培养了一众出色的弟子，也解开了很多人的心结，为许多人指引了前进的方向，同时又著作等身，这样的人生还有什么是值得悔恨的呢？南怀瑾大师从来不畏惧谈论自己，当大限真正到来的时候也是坦然视之，而另一位国学大师季羡林也有同样的胸怀。季羡林在去世之前一直保持着乐观的态度，去世的前一天还在写毛笔字，乐呵呵的。季羡林先生曾在《八十述怀》中谈到自己的人生时这样说道："自己已经八十岁了！我吃惊地暗自思忖。它逼迫着我向前看一看，又回头看一看。向前看，灰蒙蒙的一团，路不清楚，但也不是很长。确实没有什么好看的地方。不看也罢。"在距九十八岁生日二十多天的时候，季羡林先生平静地走了。他的弟子钱文忠在博客上写道："季羡林先生漫长人生的最后一段，以我们无法接受的方式突然结束了。但是，我们知道，老人家是愉快而满足的。"无论是南怀瑾大师还是季羡林先生，这两位先辈都用自己的实际行动教会了我们对待生死的正确态度。

生死确实是人生的大事，但它又是十分寻常的，也是必然会遭遇的。既然如此，还不如保持一颗平常心，真正地正视死亡，正视自己的生命，踏踏实实地过好每一分、每一秒，无悔于短暂的人生，不惧于在风风雨雨中走过一遭。

·3·

争如只履西归去，生死徒劳木作皮

“争如只履西归去，生死徒劳木作皮”，意思是怎么比得上穿着一只鞋子溘然长逝呢？生生死死都是徒劳，到头来还是要进棺材。这是宋徽宗的半首诗，它背后的历史典故将在后文详细讲解。

争如只履西归去

题目所选的这首诗是宋徽宗所写，原文如下：“七百年前老古锥，定中消息许谁知。争如只履西归去，生死徒劳木作皮。”这首诗的字面意思虽然显浅，但是暗含深意。

南怀瑾大师对这首诗曾经做过详尽的解读。“七百年前老古锥”指的就是慧持在这个树洞里打坐七百年，所以是七百年前的老古董，像一把锥子一样。“定中消息许谁知”，这个和尚究竟入的是什么定？是念佛，还是打坐？还是修密宗观想，念咒子？还是修气功，还是修什么？这个定中的消息有谁知道，也就是说慧持老僧在这七百年里悟到了什么，没有人知道，没有人能准确说出来。

“争如只履西归去”，宋徽宗认为一个老和尚一定定住了七百年有什么用？还不如达摩祖师。达摩祖师一百二十岁到中国来传禅宗，回到印度的时候已经一百五十岁了。传说达摩祖师死后下葬少一只鞋，一个和尚借一只鞋给他，最后他还把这只鞋托人带回中国来，达摩祖师那样具有大智慧的人，也不执着于入定那么多年。“生死徒劳木作皮”，宋徽宗说无论是谁，死了之后都拿木头棺材来装。总的来说，不管宋徽宗是不是一个好皇帝，他的文学在禅的境界上确实很高，很不简单。南怀瑾大师告诉我们，虽然宋徽宗是个亡国之君，但他的诗的境界很高，也很浅显易懂。

事实上，没有人能活到七百年那么久，即便是像慧持一样的高僧也是不可能的，这些都是人们为了神化这些佛教高僧而编出来的传说。死亡是生命确定的终点，在这个终点面前，每个人都应该把握住自己有限的时间，实现生命最大的价值。宋徽宗的态度就很明确：不管七百年还是两百年，都比不上痛痛快快活一场，之后及时了绝，死让人恐惧，而活的时间太长同样也是让人恐惧和疲劳的。中国历史上很多皇帝渴望长生不老，单纯追求生命的长度而不是质量是没有意义的，宋徽宗虽然是一个亡国之君，却能看透生死。死，必然会降临，任何人都无法逃脱，我们能做的就是让生命具有价值。

让生命具有价值说起来简单，实践起来并不容易，“生于忧患，死于安乐”，人很容易在温柔乡中丧失斗志，所以一个不想虚度生命的人要学会珍惜光阴，发挥自己的天赋，在生命舞台上充分展现自己的才能，不负在人世间行走一遭。

朝闻道，夕死可矣

孔子有一句话，“朝闻道，夕死可矣”，说的就是如果早上懂得了道是什么，那么晚上死去也没有什么可遗憾的。我们一直以为只有佛、道两家才有豁达的生死观，其实儒家在某种程度上也是能做到豁达洒脱的。

“朝闻道，夕死可矣”的态度与“争如只履西归去，生死徒劳木作皮”的态度是相似的，只不过孔子的话其实将这种不惧生死的态度推到了极端，并且提出了一个对于生命具有重大意义的“道”。这个道可以说是真理，孔子将真理看得比生命还重要，是因为它赋予生命意义。

屈原曾经吟诵：“路漫漫其修远兮，吾将上下而求索。”他认为自己所追寻的、治理国家的理想十分遥远，但是他将不畏艰险，永远也不会停下追寻的脚步。屈原用自己的生命选择说明了他对生死的态度。“屈原既放，游于江潭，行吟泽畔，颜色憔悴，形容枯槁”，他被楚怀王放逐之后再江畔游荡，面容憔悴枯槁，遇上了打渔的渔夫。渔夫问他为何憔悴到了这个地步，他说“举世皆浊我独清，众人皆醉我独醒”。渔夫劝他不应把自己困在感伤的情怀当中，而要与世推移，屈原为自己辩解说：“吾闻之，新沐者必弹冠，新浴者必振衣；安能以身之察察，受物之汶汶者乎？宁赴湘流，葬于江鱼之腹中。安能以皓皓之白，而蒙世俗之尘埃乎？”刚刚洗完头的人要弹去帽子上的灰尘，刚刚洗过身子的人要抖落衣衫上的尘埃，自己的身体是纯洁无垢的，怎么能够陷进世俗的洪流当中而遭受玷污呢？宁可投身到江流之中，在鱼的腹中丧生。

这篇《渔父》极其细腻地揭露了屈原的内心世界，也书写了一种生命态度：“安能以身之察察，受物之汶汶者乎？宁赴湘流，葬于江鱼之腹中。安能以皓皓之白，而蒙世俗之尘埃乎！”“道”对于屈原来说就是保持自身的高洁清白，不与世俗同流合污。为了这样的“道”，他认为没有必要为世事纠缠不清，没有必要为小人而恼怒不已，在肮脏的世俗面前最重要的是自身的存立。

宋徽宗的诗其实是在告诫普通人不要单纯追求生命的长度，即便智慧如慧持老僧，打坐打了七百年其实也如槁木死灰一样，早就没了生命力。一个人活着应该好好地发挥生命的价值，这样真有一天死亡降临了，也不会感到悔恨。

·4·
参透生死，自在平常心

对死亡的恐惧是人的本能，参透生死看似不可能做到，是因为人们惧怕死亡而没有真正思考过死亡，一旦开始对死亡进行思考，就会发现死也不是一件可怕的事情。参透生死，就在于有一颗平常心。

生死，要以平常心看待

南怀瑾大师曾经谈到，对于每个人来说，死亡都是一件恐怖的事情，因为人会担心死了之后就不再有自己了。对于这种天然的恐惧，南怀瑾大师指出，学佛的人对于生死的态度是建立在对生命的理解上的。也就是说，他认为人的生命是不会因为死亡而断开的，死去之后离开的只是此生，而来世和往世的循环仍然可以带给人的生命一个不死不灭的轮回。南怀瑾大师的话过于玄妙，我们可以不用佛教的观点来做一番解读。首先，人惧怕生命结束最主要就是惧怕本我没了，也就是不能再做思考，再拥有喜怒哀乐。在这方面，人总是想象死去之后人会变成不懂得爱的可怕的鬼或者僵尸。对于如何解除这方面的忧虑，其实将人放在整个生命长河中就会看清楚了。即便爱因斯坦、华盛顿这样的伟人在面临死亡的时候都淡然处之，因为他们在世界上留下了时间不能磨灭的伟大的智慧，这些智慧的成果会被后人缅怀、学习、参考和超越。他们虽然失去了肉体的生命，但是在文献记载中他们的生命可以说还存留着。而对于普通人来说，或许一辈子也没有伟大的成果，但是总会给家人留下念想和回忆，这些都是人在死后另一种形式的生命延续。

而另一种恐惧，对于人在死后失去了喜怒哀乐的能力，事实上每个活着的人谈论死亡都是在讨论自己想象中的死亡的状态，没有哪个人在真正经历过之后还能谈论此事。死亡可以说是人类最大的秘密。喜怒哀乐的感觉是人的能力，但也是人生活的负累，有一天能够彻底摆脱这种负累，而走入完全自由的世界中，又何尝不是一种幸福呢？所谓“争如只履西归去，生死徒劳木作皮”，当如是。

活着，就是最大的幸福

所谓参透生死，指的并不是让人看轻生命，而是让人真正珍视活着的光阴。活着，在一个人还能拥有生命的时候，就是最大的幸福，是上天赐予一个人的最大的礼物。史蒂夫·乔布斯在演讲中曾经说过，他每天早上起床时，都会对着镜子问自己：如果这是生命中的最后一天，那么自己今天将要做的事情是不是有愧于自己的生命？这样的态度使得他不断鞭策自己，最后成功带领苹果公司做出改变了一个时代的产品。

史铁生对生死的道理也有很深的感悟。他在二十多岁、风华正茂的时候失去了双腿，为此他有一段时间陷入了抑郁和迷茫，不知道未来的目标是什么，也不知道生命的意义是什么。在这段迷茫的日子里，他每天摇着轮椅到地坛坐上整整一天，从早晨到傍晚，从春夏到秋冬，看园子中的人来来去去，倾听园子中动物的低声絮语。最终有一天，在日落的余晖中，他突然明白了，死亡其实是每个人必然要面对的结局，在这样的结局面前，不管之前遭遇到什么，哪怕是失去行走的能力，都不是让人从此消沉的理由，因为死亡降临并不能抹去生命的可贵和欣悦，珍爱生命也是上天赐予我们的权利。于是，史铁生开始提笔用文字书写自己的生命，把自己对于生命、对于生死、对于生活的感悟都记录下来，而他的文字也伴随着他坚强的生命态度流传开来，他最终成为一位伟大的作家。

生命不仅是个人的生命，而是人类生命整体中的一个个体，在人类生命的长河中，每个人的生命就像一朵小小的浪花，虽然会溅起落下，但最终还是要回归海洋，因此最重要的是在溅起的那一刹那竭尽全力绽放生命的光芒。那一点光芒不一定要让别人瞻仰，但起码要让自己不悔，在光芒绽放之后就会像孔子说的“朝闻道，夕死可矣”。这就要求每个人在活着的分分秒秒都不能把生命浪费在无意义的事情上，在无聊和虚度中耗费自己的生命。

生命是可贵的，死亡也没有那么恐怖，每个人都应该珍视生命，看淡死亡，保持一颗真正的平常心。

·5·
懂得死的意义，才能领悟生的价值

生生死死乃人之常情，一个人不能一直活在对死亡的恐惧之中，人生如戏台，你方唱罢我登场，每个人都是人类历史长河中的一分子，也正如此，反而应该看淡生死，明白了死亡的必然，才能更加珍惜活着的珍贵。

时刻以破釜沉舟的勇气面对生活

生活对于不同的人来说有不同的面貌，而不同的人则会给予它不同的定义。对于大多数人来说生活不是一帆风顺的，而是像登山一样，翻过了这座山，后面可能有更多的山峰在等待。而死亡，与其说是攀登的终点，不如说是最终的坠落，不管你的一生攀登到多高，最终都无法避免从山崖坠落的结局。那么生活的努力和攀登是不是没有意义的呢？当然不是。攀登的意义不在于终点，而在于沿途的风景，只有勇于攀登的人才能欣赏道路两旁的美景，才能不枉费时间赋予一个人一生的机会。因此在攀登的旅途中要有破釜沉舟的勇气，也就是提醒自己坠落可能在下一刻就会发生，要懂得珍惜光阴，珍惜攀登途中遇到的每一处风景。

南怀瑾大师在谈论死亡的时候提到，人的身体是非常脆弱的，死亡是随时可能发生的事情，因此人要懂得珍惜生命。苹果集团的前总裁史蒂夫·乔布斯就是一个深谙此理的人。乔布斯在斯坦福大学的演讲中提到，被苹果开除的那段时间是他人生最失落的时候，每天早上都会面对镜子问自己，如果这是人生中的最后一天，那么今天计划的事情是否是值得做的？是否是对生命的浪费？在这样的精神驱动之下他更敢于去追求真正有价值的东西，去追求别人认为缥缈的、无价值的想法。这样的精神不止乔布斯一人有，中国古代的西楚霸王项羽就以破釜沉舟的精神惊艳历史。为了激励士兵背水一战，他让士兵摔破铁锅、弄翻船只，不留一点退路。在这样的精神压力之下，他的士兵们拼死搏斗，终于以少胜多，赢了一场伟大的胜利。项羽其实是利用了士兵们对死亡的恐惧来鼓励他们争取生存下去的机会，所以说死亡虽然是一件不好的事情，但是在一定的情境之下可能向另一面转化。

茫茫人海，生命璀璨如星河

在经历了文化动荡以及姑姑和弟弟相继去世的悲剧之后，宗璞在看到燕园的紫藤萝的时候，写下了这样的句子：“过了这么多年，藤萝又开花了，而且开得这样盛，这样密，紫色的瀑布遮住了粗壮的盘虬卧龙般的枝干，不断地流着，流着，流向人的心底。花和人都会遇到各种各样的不幸，但是生命的长河是无止境的。我抚摸了一下那小小的紫色的花舱，那里满装生命的酒酿，它张满了帆，在这闪光的花的河流上航行。它是万花种的一朵，也正是一朵一朵花，组成了万花灿烂的流动的瀑布。”花与人是相似的，生命的延续是不断的，从这种意义上来看，一个人的命运浮沉实在不算什么，但这不是让人轻视自己的生命，而是激发起一个人内心对生命的尊敬，自己的生命本身就是一个奇迹，也是人类生命的一部分，这样说来一个人有什么理由不爱自己的生命并让其发挥出价值呢？

史铁生在《我与地坛》中写道："一个人，出生了，这就不再是一个可以辩论的问题，而只是上帝交给他的一个事实；上帝在交给我们这件事实的时候，已经顺便保证了它的结果，所以死是一件不必急于求成的事，死是一个必然会降临的节日。这样想过之后我安心多了，眼前的一切不再那么可怕。"死亡的确定性何尝不是一件让人安心的事情呢？人类到现在还没出现岁数超过一百五十的"老怪物"，冷冻尸体的技术也还不算完善，每个人都要面对最后的审判，这就是生命最大的公平公正。

在璀璨的生命河流中，一个人的生命就像一颗星星一样。为了发出那份光芒，人应该在活着的时候好好奋斗、好好努力，不浪费生命中的分分秒秒。

如果对死亡保有畏惧的话，那么最好的态度不是终日生活中在畏惧之下，畏惧或者抑郁的情绪并不能阻止死亡的来临。真正应该有的态度就是抱着这样的畏惧真真切切地去享受生活，看到生活的光明，永远抱有希望，永远有奋斗的动力和能量，这样在死亡真正降临的时候回顾自己的一生，才能真正对自己说幸好没有浑浑噩噩地度过一生，不会给人生留下不可弥补的遗憾。

·6·
置生死于度外，悟禅道在丹心

所谓“置生死于度外”，并不是说对生老病死不加理会，毕竟生死是人生最重要的事情，也最能牵动人的感情和情绪。“置生死于度外”指的是看淡生死，不要每天对这个问题牵肠挂肚，而要以一颗平常心视之，只有真正放下生死，才能在心中腾出空间来学道和悟道，才能超越生活体察到道之缥缈。

平常心，视生死

南怀瑾大师指出，生生死死其实是常规，是必须经历的，无论还是道家还是禅宗，都没有拿出让人彻底摆脱生死的方法，但是道家和禅宗都教人如何把生死的执念放下。

南怀瑾大师谈道：真正要死亡，正常的，最后那一刹那是无比地快乐，可是，最后一刹那就只要弹指一声，什么叫刹那，刹那是佛经的梵文过来的，弹指一声，只有六十个刹那，刹那多快啊，到了完全离开这个肉体、四大分散的时候，觉得很舒服的时候，已经昏迷了，没有了，不知道了，真死亡大概就是这个阶段。也就是说，死亡不是一件痛苦的事，相反，却是一个安然入睡、完完全全地摆脱所有愁苦的一个过程，这个过程如果用一颗放下恐惧的心去看的话，其实是十分美好的。

悟因果，参大道

南怀瑾大师谈道：“为什么人的寿命有长短之分，相貌有好看和不好看的，遭遇有好或不好的，有人很得意，有人不得意？这是因为佛法的道理都建立在三世因果、六道轮回之上。假使佛法对因果轮回的道理都没有搞清楚，就相当于对佛学根本没有入门。有一位老法师，学问很深，也当过大方丈。别人告诉我，他讲了三句话，我拍掌大笑，我说讲得真好，果然是大法师。这三句话是：居士怕因果，因果怕和尚，和尚怕居士。这是个三角的轮回，虽然个是笑话，但是自有他的道理。学佛连三世因果、六道轮回的道理都没有搞清楚，就是白学了，大小乘的佛法，一切修持的法门基本都建立在这个上面，这是因果定律，就算在自然物理科学里头也是公定的、承认的，至于生命定律里头统统是因果的道理。”

可见，生死轮回都是建立在因果规律上的。一个人如果这辈子积德积福，那么下辈子就会有享之不尽的幸福，明白了这一点，那么死亡不过是摆脱此生的痛苦通往彼生的幸福的途径罢了，有什么需要惧怕的呢？当然如果一个人这辈子为非作歹，死后去的是地狱，那么死亡对他来说可能是一件可怕的事情。

修禅悟道，悟的其实就是因果律的最本质的自然规律，通过因果律去看生死，去看轮回的没有止息的生命，就会明白生命的本质是什么。从这样的角度去看生死，就会明白生无可贪恋、死亦无可畏惧，如果能达到这样的通达明澈，那也就能称得上是悟道了。

所以说，要放下生死的纠葛，首先要以一颗平常心去看待，要明白生死不过是一个很普通的命题，死亡也是一件十分普通的事情；其次要弄懂因果轮回的道理，生生死死都在因果当中，死既是果也是因，因之后还会有果，这样来看的话今生今世的生命自有它的光彩和魅力，珍惜此生不畏来世，用这样的态度来看生死就能达到庄子讲的无生无死的高人境界了。

·7·
解脱生死，一切归零

现在的社会节奏越来越快，很多人把自身的快乐都建立在物质欲望上，把得失当作成败的标准，让攀比之心左右了我们的心，操控了我们的情绪。其实每个人的起点都是相同的，终点也是相同的，都会经历生老病死。无论生前多么辉煌，抑或多么痛苦，时间都会带走这一切，只有看透这一切，才能悟透“空”。

南怀瑾大师说过，生生死死是现象的变化，我们那不生不死的真我，并不在此生死上，你要能找到这真生命，才可以悟透“空”，才能解脱生死，或者说达到“涅槃”境界。

人生无常，生死寻常

庄子说过：“夫大块载我以形，劳我以生，佚我以老，息我以死。故善吾生者，乃所以善吾死也。”也就是说，天地养育我们给了我们生命，人生忙忙碌碌，等到老了就能安养，死后就能休息。所以懂得生存的人也懂得死亡。

南怀瑾大师说生老病死是很自然的事情，只不过是生命中不同的阶段。只有真正认清了生命的价值、意义和方向，才能深刻地明白，生死寻常，人生无常。

印度舍卫城内有一位富豪，直到六十岁仍然膝下无子，他到处求签问卦，希望上天能赐予他一个儿子。皇天不负苦心人，他的妻子果然怀孕了，后来生了个大胖小子，家人对这个孩子都疼爱有加。二十年后，男孩长大了，娶了一位贤惠的姑娘为妻，父母感到非常欣慰。可惜人无千日好，花无百日红，不幸的事情却降临在这户平和安乐的家里。

有一天，男孩爬上树想为妻子摘一朵花，却不小心从树上摔下来，不治身亡。突来的横祸，让这家人悲痛欲绝，尤其是老夫妻俩，更是无法接受这残酷的事实。这个时候佛陀刚好来到村里，听说了这个消息后，来到富豪家里安慰道：“人生在世有生就有死，有胜就有败，这是任何人所无法避免的，娑婆世界里生死是我们无法控制的，只是早晚的问题，你的孩子只是比你们早一步离开这个世界。”

但是佛陀的圣言仍然让他们无法接受，佛陀见此便让富豪去找一户从来没有死过人的家点三枝香来，这样男孩就能起死回生。老夫妻四处寻找，几乎走遍了附近的所有家庭，但是没有一家是没有死过人的，他们无可奈何，只能失望而归。佛陀开解他们："其实世间的人都是一样的，生死相依，即便是最亲的人，也不可能永远在一起，无论你是有钱人，还是穷人，都逃不掉生与死。就算今天你的孩子没有离开你，你们迟早也会分开。"佛陀句句箴言，终于使老夫妻明白了人生无常的道理，不再只顾悲伤，而是更加能看透这寻常的生死。

生与死的循环乃是世之常情，生命的可贵正是在于我们无法预测下一秒会发生什么。人生就像是一列火车，每个人只有一张单行车票，不过是下车早晚而已，既然如此，早下车或者晚下车其实没有太多的区别。

面对生命的无常，我们无地可遁，唯有应对。佛有云道："生灭灭已，寂灭为乐。"人或许只有悟明了生死之间的常理，方才没有那么多悲苦纠结。

适时把自己归零

身处这样一个纷繁浮躁的社会，每个人身上仿佛都背着一座大山，生活中充斥着各种压力，各种欲望在内心不断膨胀，直至让我们感受不到快乐。这个时候就需要重新找回生活的态度，适时地给自己归零。

南怀瑾大师的一生就是一个归零的过程，每个人生阶段，大师都会让自己归零，重新开始，创造新的征程。大师说过，人生总是要经历各种痛苦、磨难，也会经历各种欲望、膨胀，如果我们不能正视这些，适时地将这一切归零，那么我们就会陷入无尽的无望之中。

古时候有一个佛学造诣很深的人，听说某个寺庙里有位德高望重的老禅师，便去拜访。老禅师的徒弟接待他时，他态度傲慢，总觉得老禅师的佛学造诣肯定不如自己。老禅师十分恭敬地接待了他，并为他沏茶。在倒水的时候，明明杯子已经满了，老禅师还不停地倒。他不解地问：“大师，杯子已经满了，您看不到吗？”大师说：“既然已满了，干吗还倒呢？”禅师的意思是，既然你已经很有学问了，为何还要到我这里求教？这就是“空杯心态”，要肯舍弃过去的种种，才能有新的发展。否定自己需要很大的勇气，但是只有否定自己，将自己归零，才能重新找到奋斗的方向。

人生是一场盛宴，难免会经历成功与失败。在顺境时，要学会把自己归零，戒骄戒躁，敢于否定自己，勇攀另一座高峰；在逆境时，更要学会归零，重新审视自己，让自己开始新的征程。

我们应该学会从另一个角度来看待生命本身，归零并不是放弃，而是另一种刷新，刷新我们的生活，刷新我们的生命。适时把自己归零，体现了人生的大智慧，在不断归零的基点上让人生重新起航，才能在今后的道路上走得更稳、更远。

图书在版编目（CIP）数据

听南怀瑾谈人生哲学 / 公羽著 .—北京：
时事出版社，2016.1（2023.8 重印）

ISBN 978-7-80232-932-4

Ⅰ . ①听…　Ⅱ . ①公…　Ⅲ . ①人生哲学 - 通俗读物
Ⅳ . ① B821-49

中国版本图书馆 CIP 数据核字（2015）第 306292 号

出 版 发 行：时事出版社
地　　　址：北京市海淀区彰化路 138 号西荣阁 B 座 G2 层
邮　　　编：100097
发 行 热 线：（010）88869831　88869832
传　　　真：（010）88869875
电 子 邮 箱：shishichubanshe@sina.com
网　　　址：www.shishishe.com
印　　　刷：大厂回族自治县德诚印务有限公司

开本：787 × 1092　1/16　印张：18　字数：205 千字
2016 年 1 月第 1 版　2023 年 8 月第 3 次印刷
定价：32.00 元
（如有印装质量问题，请与本社发行部联系调换）